인류를 위한
마지막 여정

인류를 위한
마지막 여정

초판1쇄 2012년 6월 20일
지은이 홍동필
펴낸이 주갑식
펴낸곳 목자와양
등록 135-92-04030
주소 경기도 수원시 영통구 영통동 1093
      풍림아이원 105-805
전화 070-7696-8706

ⓒ2012 홍동필
ISBN 978-89-964386-2-5

인류를 위한
마지막 여정

홍동필 지음

목자와 양

서문
주님 고난에 동참하며

　매년 고난주간이 되면 모든 교회에서 전교인 새벽기도회를 합니다. 저희 교회에서도 매년 고난주간 새벽기도회를 하면서 새벽설교를 모아서 책을 내면 좋겠다는 말을 종종 들었습니다. 그리고 저 자신도 목회 초년에 절기를 맞이하거나 특별한 행사를 할 때, 특히 매년 돌아오는 고난주간 설교가 부담이 되었습니다. 그러던 중 고난주간 새벽에 하나님의 은혜를 받고 설교를 모아 글로 내야겠다는 생각이 들었습니다. 주님께서 걸어가신 마지막 고난의 길을 묵상하면서 경험하는 은혜는 특별한 것이었습니다. 인성을 가지신 주님은 사람이 겪어야 할 고난을 몸소 체험하시면서 묵묵히 걸어가셨습니다. 말보다도 행동으로 보여주신 주님의 모습을 묵상할수록 주님의 은혜는 너무도 컸습니다.
　예루살렘에 입성하신 주님은 누구보다도 교회를 사랑하셨기에 무엇보다 먼저 성전을 청결케 하셨습니다. 이렇게 고난주간을 시작하신 주님은 마지막 십자가를 지심으로 우리의 모든 죄를 용서해 주시고, 부활의 새벽에 죽음을 이기시고 부활하셔서 우리에게 영생의 길을 허락해 주셨습니다.

　새벽마다 교회당에 나와 엎드려 기도하는 성도들의 모습을 보면서 목사로서 느끼는 기쁨과 감동을 경험하게 되었습니다. 그리고 인생에게 영원한 생명을 허락해 주신 주님의 은혜에 감사하는 한 주간이 되었습니다. 주님께 받은 이 은혜를 함께 나누고 싶습니다. 부족한 글임에도 불구하고 흔쾌히 추천사를 써 주신 호산나교회 최홍준 원로목사님께 감사를 드립니다. 이렇게 책이 나오도록 교정하며 수고한 김정진 목사님에게 감사를 드립니다. 그리고 함께 교회를 이뤄가며 힘이 되어준 전주새중앙교회 장로님들과 성도님들에게 감사를 드립니다. 이 모든 영광을 하나님께 올려 드립니다.

전주새중앙교회 목양실에서
홍동필 목사

❖ 추 천 사

그리스도의 제자는 고난을 통해 만들어집니다. 고난을 통해 그리스도의 제자로서의 삶을 배우게 되며 성숙한 제자의 걸음을 걷게 되는 것입니다. 저는 87년 부산에 부임하여 3년 만에 간경화 진단을 받았습니다. 병원에서 3~5년의 시한부 선고를 받았습니다. 담임목사로 부임해 밤낮을 가리지 않고 목회할 때였습니다. 병실에서, 제자훈련의 결실인 첫 '남자 다락' 순장을 임명할 때 현장에 있던 동역자가 바로 홍동필 목사님이셨습니다.

전주새중앙교회 담임목사로 청빙을 받아 사역하시던 홍목사님에게도 말로 표현할 수 없는 고난이 있었습니다. 그러나 목회의 본질을 놓칠 수 없었기에 수고에 수고를 거듭하며 그리스도의 제자도를 몸소 보여주었습니다. 고난의 삶 속에 선포되는 말씀은 능력이 있습니다.

2011년 고난주간을 맞아 새벽 강단에서 선포된 말씀을 글로 접하게 됨을 감사드립니다. 예수님께서는 우리의 고난과는 비교할 수도 없는 고난을 2000여 년 전에 먼저 당하셨습니다. 죄가 없으신 분이 우리를 구원하시기 위해 고난의 길, 십자가의 길을 묵묵히 걸어가셨습니다.

우리는 주님을 닮기 원한다고 고백합니다. 참 제자는 주님의 성품뿐 아니라 그리스도의 고난까지도 함께해야 하는 것입니다.

이 설교집을 통해 한 설교자가 외치는 주님의 고난의 길, 십자가의 길을 함께 묵상하며 그 걸음을 우리도 함께 걸어가며 참 제자도의 삶을 살아가기를 결단하는 은혜의 시간이 되기를 간절히 소망합니다.

호산나교회 원로목사
최홍준

THE PASSION WEEK
목차 *

서문 / 5
추천사 / 7

일요일 / 10

월요일 / 12
1. 성전을 청결케 하심 / 15

화요일, 수요일 / 24
2. 과부의 헌금 / 27
3. 주님께 좋은 일을 한 여인 / 37

목요일 / 52
4. 겟세마네에서의 번민 / 55

금요일, 토요일 / 74
5. 십자가와 생명 / 77
6. 예수님의 죽음과 참신앙 / 91

주일 / 108
7. 부활의 주님과 두 제자 / 111

THE PASSION WEEK
일요일*

* 어린 나귀를 타고 예루살렘에 입성하시다
  마태복음 21:1-11

* 예루살렘을 보고 우시다
  누가복음 19:41-44

THE PASSION WEEK
월요일*

* 성전을 깨끗하게 하시다
  마태복음 21:12-13

* 무화과나무를 저주하시다
  마태복음 21:18-20

성전을 청결케 하심

"그들이 예루살렘에 들어가니라 예수께서 성전에 들어가사 성전 안에서 매매하는 자들을 내쫓으시며 돈 바꾸는 자들의 상과 비둘기 파는 자들의 의자를 둘러엎으시며 아무나 물건을 가지고 성전 안으로 지나다님을 허락하지 아니하시고 이에 가르쳐 이르시되 기록된 바 내 집은 만민이 기도하는 집이라 칭함을 받으리라고 하지 아니하였느냐 너희는 강도의 소굴을 만들었도다 하시매 대제사장들과 서기관들이 듣고 예수를 어떻게 죽일까 하고 꾀하니 이는 무리가 다 그의 교훈을 놀랍게 여기므로 그를 두려워함일러라 그리고 날이 저물매 그들이 성 밖으로 나가더라"(막 11:15-19)

오늘 새벽에도 하나님 앞에 나온 여러분들에게 하나님의 은혜가 넘치길 기원합니다. 오늘부터 2011년 고난주간 새벽기도회를 시작합니다. 매년 고난주간마다 새로운 마음으로 임하게 되지만, 금년 고난주간의 새벽기도는 남다른 새벽기도라고 생각합니다. 왜냐하면 2000년을 맞이하고 새롭게 시작한 10년이기 때문입니다.

지난 10년은 그야말로 다사다난多事多難했습니다. 안타깝고 놀라운 대형 사고들이 많이 발생해서, 생각하는 것이 온통 사건 사고에 몰입되는 그런 10년이었습니다. 2011년을 맞이해서도 마찬가지입니다. 일본의 대지진으로 인한 쓰나미를 비롯해서 대형 사고들이 여기저기 일어나고 있고, 우리 한반도의 백두산도 언제 폭발할지 모르는 때를 우리는 살고 있는 것입니다.

그러나 우리는 그것 때문에 시간을 낭비해서는 안 된다고 생각합니다. 오히려 영적으로 바로 서고 주님을 향해 바로 나아가는 우리의 자세가 필요하다는 것을 절감합니다. 금년부터 새롭게 시작하는 2000년대의 새로운 10년은 오히려 영적으로 충만한 날로 보내고 싶은 마음이 가득합니다. 여러분도 아마 그런 마음을 가지실 거라 생각합니다.

주님은 이 세상에 오셔서 관심이 온통 한군데에 있었습니다. 다름이 아니라 바로 저와 여러분을 구하기 위한 구속의 사건입니다. 주님은 오직 한 길을 걸으신 분이십니다. 공생애를 시작하고 삼 년을 마무리하며 이제 마지막 한 주간을 보내십니다.

수난주간 첫날 곧 주일에 드디어 주님은 예루살렘 성에 입성하셨습니다.

주님이 예루살렘에 입성할 때에 수많은 사람들이 주님을 따랐습니다. 그리고 그들은 자기들의 겉옷을 벗어서 예수님이 가시는 길에 펴놓거나 벤 나뭇가지를 길에 펼쳐 놓았습니다. 그리고 "호산나 다윗의 자손이여!"라고 외치며 대대적으로 환영했던, 주님을 향해서 온통 그들의 마음을 쏟았던 어제였습니다. 비록 그들이 환영했던 그 환영의 소리가 채 삼 일도 가지 못할 것을 뻔히 아시면서도 주님은 월요일 날 아침 다시 예루살렘 성에 입성하신 것입니다.

주인이신 그리스도

입성하신 주님이 맨 먼저 하신 일은 성전 안에서 매매하는 자들과 돈 바꾸는 자들과 비둘기 파는 자들의 상을 둘러엎으신 것입니다. 그리고 이렇게 말씀하셨습니다.

> "내 집은 만민이 기도하는 집이라 칭함을 받지 아니하였느냐 너희는 강도의 소굴을 만들었도다"(막 11:17)

주님은 그냥 예사로 말씀하지 않으셨을 거예요. "내 집은 만민이 기도하는 집이야! 너희는 어떻게 강도의 소굴을 만들 수 있어?" 고함을 지르고 호통을 치고 난리를 쳤을 것입니다. 어떻게 주님께서 호통을 치며 난리를 피울 수가 있단 말입니까? 남의 장사하는 상을 엎고 그들을 쫓아내는 무지막지한 일을 어떻게 하실 수 있었을까요? 그들이 손해를 보는데 말입니다.

그런데 여기 아주 중요한 것이 있습니다. 주님이 이렇게 말씀하세요. "내 집이라." 주님은 '예루살렘 성전'을 "내 집이라"고 말씀하십니다. 주님께서 주인 되심을 말씀해 주십니다. 그렇습니다. 오늘 우리가 쉽게 잊어버리고 살아가는 한 가지가 있습니다. 신앙생활을 하면서도 잊어버리는 중요한 한 가지가 있다면, 그것은 예수님이 주님이란 사실입니다.

주님은 주인이십니다. 내 생명의 주인이시고, 내 인생의 주인이시고, 교회의 주인이십니다. 예수 그리스도, 우리는 주님을 잊어버리고 살 때가 너무 많아요. 내가 주인이 되어 살 때가 얼마나 많이 있는지 모릅니다.

주인은 원하는 게 있습니다. 주인이 원하는 대로 그의 식구들이 따르기를 원합니다. 교회는 주님이 원하는 대로 움직여야 해요. 주님께서 원하시는 대로 순종해야 합니다. 이것이 교회의 아름다운 모습이고, 당연한 모습이고, 성도의 모습입니다.

그렇다면 어떻게 주님이 원하는 성도가, 교회가 될 수 있을까요? 말씀대로 순종하고, 기도로 주님의 뜻을 이뤄가는 것이 우리에게 너무 소중한 방법이란 사실을 가르쳐 주십니다. 우리가 말씀에 순종할 때 모든 문제가 해결됩니다. 믿음이 자라고, 영적으로 충만하고, 하나님의 역사하심을 경험하게 됩니다.

강도의 소굴이 될 수 있는 교회

또 하나는 여기 "강도의 소굴을 만들었다"고 말합니다. 여러분, 강도가 어떤 사람입니까? 남의 것을 강탈하고 사람을 죽이는 것이 강도입니다. 소굴이 뭐예요? 집단입니다. 강도들이 득실대는 교회에 대해서 이렇게 말씀하셨어요. 마태복음 16장 18절에 보면, "내가 이 반석 위에 내 교회를 세우리니 음부의 권세가 이기지 못한다"고 말씀해 주셨습니다. 우리 같이 한번 읽어보도록 하겠습니다.

"또 내가 네게 이르노니 너는 베드로라. 내가 이 반석 위에 내 교회를 세우리니 음부의 권세가 이기지 못하리라"(마 16:18)

1. 성전을 청결케 하심

여러분, 주님께서 이렇게 말씀해 주십니다. "내가 네게 이르노니 너는 베드로라. 내가 이 반석 위에 내 교회를 세우리니." 여기에 보면 주님께서 "교회"라고 말씀해 주십니다. 그러면서 "음부의 권세가 이기지 못하리라"고 말씀해 주십니다. 음부의 권세가 무엇입니까? 죽음입니다. 지옥입니다. 마귀의 세력입니다. 교회는 주님의 교회예요. 음부의 권세가 이기지 못하는 곳이에요. 다시 말하면 마귀 사탄이 와서 장난치지 못하는 곳이 교회라 이 말입니다.

죽음이 이기지 못하는 곳이라 말입니다. 거꾸로 말하면 죽어야 될 생명이 살고, 영적으로 죽은 사람이 살아나고, 마귀와 귀신이 장난을 치지 못하고, 오히려 한 길로 왔다가 일곱 길로 쫓겨 가는 것이 교회라고 말씀해 주십니다.

그런데 교회가 얼마든지 사람을 죽이는 강도의 소굴이 될 수 있다는 사실입니다. 언제 이렇게 되는지 아세요? 장사할 때 그렇습니다. 또 언제 이렇게 되는지 아세요? 내 사람을 많이 만들려고 할 때 이런 일이 일어나게 됩니다. "나 괜찮은 사람이야!" 인간의 생각과 인간의 방법이 좌지우지할 때에 거기에 생명이 있을 수가 없습니다.

대통령도 임기가 몇 년 되지 않습니다. 국무총리도 마찬가지입니다. 사람이 가지고 있는 것은 얼마 가지를 못해요. 우리가 이렇게 만나서 얼굴을 대면하지만, 언제든지 주인 되시는 하나님이 부르시면 서로 "잘 있어! 잘 가!" 말 한 마디 못 하고 언제든지 사라질 수 있는 존재가 저와 여러분입니다.

내가 언제 주님의 부름을 받을 것인지 알지 못하기 때문에 거기에 관심을 가지고 산다면 우리는 결코 주인 되시는 예수 그리스도를 잊을 수가 없을 것입니다. 오히려 자나깨나 '주님이 나에게 원하시는 것이 무엇일까? 내가 어떻게 살아야 하는 것일까?'를 고민하며 살 것입니다.

여러분! 그렇다고 해서 우리가 고상하게 말을 하고, 말쑥하게 옷을 입고 살라는 의미는 아닙니다. 지극히 인간적으로 살지만, 우리의 생각과 사상과 우리의 모든 삶의 중심이 바로 우리 주님 예수 그리스도에게 적합하게 생각하고 몸부림치면서 나아가는 것을 주께서 원하신다는 사실입니다.

우리는 대단한 업적을 남길 수 있는 그런 위대한 인물도 못 돼요. 어쩌면 내 집도 제대로 청소하지 못하는 그런 어리석은 사람들이 바로 저와 여러분들입니다. 주님은 우리에게 요구하는 것이 있습니다. 다른 것이 아니에요. '네가 먼저 네 영혼과 육신을 청소하길 원하십니다.

영혼과 육체의 청소

주님이 지상 생애 마지막 한 주간을 맞이하면서 왜 성전을 청결하게 하는 데 첫날을 소비하셨는지 아십니까? 먼저 성전이 청결해야 나머지를 놓을 수 있기 때문입니다. 우리가 이사할 때도 마찬가지죠. 먼저 깨끗하게 청소를 해놔야 짐을 놓을 수가 있는 것입니다.

먼저 우리 자신이 청결해야겠습니다. 오늘 이 시대에 성전이 무엇입니까? 예수 그리스도를 믿는 저와 여러분들이 성전이라 말씀해 주십니다. "너희가 하나님의 성령이 거하시는 성전인 줄을 알지 못하느냐?" 주인 되시는 주님은 우리가 깨끗하기를 원하십니다. 우리 영혼이 맑아지기를 원하시고 우리 육신이 깨끗해지기를 원하십니다.

사랑하는 성도 여러분! 고난주간을 시작하는 첫날 아침 우리 모두 내 영혼과 육신이 청결하기를 기도합시다. 그리고 주님 앞에 진실하게 엎드립시다. 우리의 눈물이 우리의 가슴을 적시도록 그리고 주님이 우리에게 찾아와서 긍휼을 베풀지 않으면 안 될 만큼

겸허한 마음으로 주님 앞에 엎드립시다.

"주님! 제가 주님의 따뜻한 손길을, 주님의 만져 주심을 경험하길 원합니다. 내 눈에 눈물이 있기를 원합니다. 하나님! 내 심령이 강퍅해지지 않도록 하여 주옵소서. 주여! 저에게 부드러운 마음을 주옵시고, 다른 사람이 아니라 주님 앞의 내 자신을 보게 해 주옵소서. 내 손을 모으고 내 몸을 주님 앞에 드립니다."

우리 이 시간 주님 앞에 진심으로 기도하는, 내 영혼과 육신이 청결하게 되는 소중한 첫날, 이 아침이 되기를 바랍니다.

THE PASSION WEEK
화요일 * 수요일

* 가장 큰 계명을 말씀하시다
  마태복음 22:34-40

* 가난한 과부의 헌금을 칭찬하시다
  마가복음 12:41-44

* 장차 대환난이 올 것을 예고하시다
  마태복음 24:1-42

* 유대 지도자들이 예수를 죽이고자 음모하다
  마태복음 26:1-5

과부의 헌금

"예수께서 헌금함을 대하여 앉으사 무리가 어떻게 헌금함에 돈 넣는가를 보실새 여러 부자는 많이 넣는데 한 가난한 과부는 와서 두 렙돈 곧 한 고드란트를 넣는지라 예수께서 제자들을 불러다가 이르시되 내가 진실로 너희에게 이르노니 이 가난한 과부는 헌금함에 넣는 모든 사람보다 많이 넣었도다 그들은 다 풍족한 중에서 넣었거니와 이 과부는 그 가난한 중에서 자기의 모든 소유 곧 생활비 전부를 넣었느니라 하시니라"(막 12:41-44)

오늘 새벽에도 하나님의 큰 은혜가 여러분에게 넘치기를 기원합니다. 늘 언제나 도전이 되고 감동을 받는 이유는 어제나 오늘이나 그 짧은 시간에 준비해서 드려지는 찬양입니다. 찬양이 너무 아름답습니다. 마치 전문가들이 나와서 하나님을 찬양하는 것처럼 화음이 잘 어우러지고 가슴으로 전달이 잘 되는, 그야말로 하나님께 드려지는 아름다운 찬양이 우리 교회 찬양이 아닌가 생각을 해 봅니다. 오늘, 아침부터 잠깐 농담을 하고 싶은데, 여러분! 다 가수로 전향하면 어떨까요? 행복해하는 모습도 보기 좋고, 찬양이 너무 좋아서 드리는 말씀입니다.

교회와 성도의 정결

　어제 우리는 주님께서 예루살렘 성전을 청결케 하신 것을 살펴보았습니다. 성전 안에서 매매하는 자들을 내쫓으시고 매매하는 사람들의 상과 비둘기 파는 자들의 의자를 둘러엎으셨습니다. 이제 마지막이니까, 마지막 공생애 기간의 한 주이니까, 이제는 막나가도 되는 것인가요? 그래서 주님이 거친 행동을 하신 것인가요? 주님이 마지막 공생애를 일주일 남기고 가장 먼저 하고 싶은 일이 있었다면, 하나님의 교회와 성도들이 깨끗하기를 원하셨다는 사실입니다. 주님은 우리가 거룩한 하나님의 무리이기 때문에, 거룩한 하나님의 백성답게 되기를 원하십니다.

　우리는 우리의 몸이 더럽혀졌을 때 견디지 못합니다. 우리는 왜곡된 인생을 살아갈 때에 너무 억울해 합니다. 신앙은 금생과 내생이 연결되는 너무 소중한 것입니다. 가짜로 살아서는 안 됩니다.

우리는 진실해야 하고 솔직하게, 그리고 주님 편에 서서 살아가야 할 하나님의 사람입니다.

주님은 우리가 그런 사람이 되길 원하십니다. 성전이 얼마든지 강도의 소굴이 될 수 있음을 말해 주십니다. 교회가 얼마든지 강도의 소굴이 될 수 있음을 말해 주십니다. 사람이 얼마든지 강도가 될 수 있음을 말해 주십니다. 사자도, 호랑이도 맹수이지만, 결코 강도는 되지 않습니다. 하지만 사람은 얼마든지 가능성이 있습니다.

강도가 되는 것은 언제인가요? 장사를 할 때 예수를 믿으면서도 터무니없는 이득을 남기려고 할 때입니다. 주님께서 주인이시지만 내가 주인이 되어 뭔가를 남기려 할 때입니다. 그 때에 우리는 가장 소중한 것을 잃어버리게 됩니다. 나를 더럽히고 생명이 사라집니다. 교회는 음부가 이기지 못하는 곳입니다. 주님은 우리가 거룩한 성전인 것을 알기를 원하십니다. 오늘 주님은 교회와 성도가 깨끗하길 원하십니다.

그리고 이제 화요일을 맞이하게 됩니다. 화요일에 많은 일들이 있었는데, 한번은 무리들이 어떻게 헌금을 하는가를 알고자 주님께서 헌금함 건너편에 앉으셨다고 합니다. 부자도 왔다 갑니다. 가난한 자도 왔다 갔습니다. 물론 각기 헌금을 하고 돌아간 것이지요. 그 때 어떤 가난한 과부 한 사람이 와서 헌금을 하는데, 주님께서 그 사람이 헌금하는 것을 보고서 곧바로 제자들을 부르십니다. 그러고는 이렇게 말씀하시는 거예요. "내가 진실로 너희에게 이르노니 이 가난한 과부는 헌금함에 넣은 모든 사람보다 많이 넣었다." 이런 생각이 들 수도 있을 것입니다. 어제 성전을 청결하게 하신 예수님의 모습과 상반된 모습이 아닌지 생각이 들 정도로 주님도 돈을 좋아하는가? 과부의 헌금을 칭찬하는 이유가 뭘까?

사람들이 제일 먼저 민감하게 반응하게 되는 것이 뭔지 아세요? 돈입니다. 헌금을 하라면 굉장히 민감해 합니다. '속물이다. 목사가 돈밖에 모르는구나. 그렇다 할지라도 예수님만큼은 돈에 대해 초월하셔야 되지 않나!' 사실 돈 문제만큼은 모든 사람의 초미의 문제입니다. 예수님도 인성을 지니셨기 때문에 돈을 좋아하셨을까? 그래서 어제는 거룩한 척하며 성전을 청결하게 하고, 오늘은 이제 본성을 드러낸단 말인가? 과연 그럴까요?

하나님을 아는 하나님의 사람

사랑하는 성도 여러분, 주님이 어떤 분이십니까? 주님은 물고기 두 마리와 떡 다섯 개로 뱃세다 광야에서 장정만 5천 명을 먹이시고, 12 광주리를 남기신 분이십니다. 주님은 수많은 환자들이 왔을 때에 한 사람도 외면하지 않고 치료해 주신 분이십니다. 아니, 그것뿐만 아니라 새벽부터 하루 종일 많은 사람들에게 생명의 복음을 전하고 수많은 사람들을 상담하고 고쳐 주셨던 분이 주님이십니다. 거라사 지방에 군대 귀신 들린 자가 있는 것을 아시기 때문에 제자들과 함께 갈릴리 호수에서 건너편으로 가셨던 분이 바로 우리 주님이십니다.

그리고 그 귀신 들린 자를 고쳐 주신 분이 우리 주님 예수 그리스도이십니다. 주님은 가진 것을 다 우리를 위해서 쏟아 부으셨습니다. 마지막 갈보리 십자가 언덕에서 가장 소중하게 여기던 생명마저도 내놓으신 분이 우리 구주 예수 그리스도이십니다. 그런데 그 주님이 돈을 좋아하신단 말입니까? 그 주님께서 우리와 같이 속물이란 말입니까?

아니요. 주님은 이 세상을 정리할 시간이 다가왔습니다. 그리고 진정 원하시는 바가 있습니다. 그것은 예수 믿는 하나님의 사람들, 아니 온 인류를 향하여, 말씀 한 마디로 천지를 창조하신 하나님께서 가장 소중하게 여기시는 것이 한 가지가 있다면, 그것은 하나님을 바로 알기를 원하신다는 사실입니다. 모두가 다 예수 믿는 하나님의 사람이 되길 원하신다는 사실입니다.

믿는 자의 중심

그렇다면 예수를 믿는 것과 헌금과 무슨 관계가 있단 말입니까? 그것은 설명하지 않아도 잘 알고 있는 것입니다. 우리가 예수를 만나기 전 우리의 모습을 떠올려 보십시오. 그 때는 내가 주인이 되어 살아왔습니다. 내가 공부해야 하고, 내가 노력해야 하고, 내가 성공해야 하고, 내가 모든 인생의 주인이 되어서 살아왔습니다. 그러던 어느 날 만왕의 왕 우리 구주 예수 그리스도를 모시는 순간 우리는 이렇게 고백합니다.

"주님. 제가 죄인입니다. 저를 용서해주옵소서." 그리고 동시에 이렇게 고백합니다. "제가 무엇을 하기 원하십니까?" 예수 믿는 모든 사람에게서 동시 다발적으로 나오는 고백이 바로 이 두 가지입니다. "하나님, 저는 죄인입니다. 주여! 내가 무엇을 하기 원하십니까? 몸밖에 드릴 것 없어 이 몸 바치고 싶습니다." 이것이야말로 예수 믿는 사람들에게서 나오는, 똑같이 터져 나오는 고백입니다.

그렇습니다. 주님의 그 은혜를 아는 순간, 억지가 아니라 내 가슴에서부터 나오는 한마디입니다. "주여, 저는 죄인입니다. 주여! 제가 무엇을 주께 할 수 있단 말입니까? 주님, 드릴 것 없어 이 몸 드립니다." 참된 믿음은 나의 죄를 회개하는 데서 시작하는 것뿐만 아니라, 그 은혜에 대한 감사로 이어진다는 것입니다.

"나 같은 죄인을 구원하신 주님께 감사하며, 내 평생 주님 위해 살겠습니다. 하나님 아버지! 내가 주님을 위해서 내 인생을 바치겠습니다." 사소한 것이라도 주님께 드리고 싶은 마음으로 가득한 것이 바로 예수 믿는 사람들에게 나타나는 현상들입니다.

오늘 주님 모습을 보십시오. 헌금함 앞에 앉으시면서 보셨다고 말씀해 주십니다. 주님은 우리를 보십니다. 예수 믿는 하나님의 사람들을 보십니다. 하나님께 어떻게 대하는지 어떻게 하나님을 예우하는지 보십니다.

그리고 누가 많이 넣었는지, 적게 넣었는지도 아십니다. 주님은 사실 우리를 너무나도 잘 아십니다. 우리는 남의 것에 대해서는 별 관심이 없어요. 내 것은 대단히 중요하게 생각합니다. 남의 집 아들, 딸, 며느리, 사위가 자기 집 아들, 딸, 며느리, 사위보다 별로예요. 모두가 다 내 돈, 내 집, 내가 공부한 것, 내가 가진 것, 내 자식, 내 아내, 내 남편이 최고입니다. 그래서 내게 연관된 일들, 내게 연결된 사람들이 활동을 하면 그 어떤 것보다도 대견하게 생각합니다. 그리고 좋아합니다. 자랑스럽게 생각합니다.

우리 주님 예수 그리스도는 우리의 가장 소중한 주님이시며, 또

먼 훗날 천국에 가면 우리의 신랑 되실 당사자가 주님 예수 그리스도이십니다. 주님은 우리를 가장 소중하게 여기십니다. 그 주님은 우리를 자랑스럽게 생각하십니다. 그리고 우리가 어떻게 주님을 예우하는가에 관심이 많습니다. 어떤 모습으로 주님을 찬양하는지, 어떤 마음으로 찬양하는지 그 마음을 보기 원하십니다. 주님께 나와서 엎드릴 때에 어떻게 기도하는지, 전도할 때 어떤 마음으로 전도하는지 그 중심을 보십니다.

천국에 소망을 둔 인생

그런데 언제부터인지 교회는 칭찬을 듣기 위해 헌신하는 것처럼 보입니다. 칭찬을 듣지 못하면 어제까지의 믿음이 하루 아침에 무너지는 것을 보게 됩니다. "정말 좋은 사람이다. 당신 같은 사람이 우리 교회에 있어서 너무 좋다"고 하는 말을 들으면, 간이라도 빼줄 것처럼 요란을 떱니다. 그러나 사실 내주지도 않아요.

그렇게 살면 안 됩니다. 우리는 우리 자신도 모르는 사이에 너무도 많이 변질되었습니다. '이제 다른 교회에 가서 둥지를 틀까?' 하는 생각이 든다 할지라도 잊지 마십시오. 다른 교회에 가도 주님은 여전히 그 곳에 계셔서 우리의 중심을 들여다보고 계십니다.

주님은 우리의 마음을 너무도 잘 아세요. 무엇이 중요한 것도 아십니다. 돈의 위력이 센 것도 아십니다. 돈이 있으면 사람들의 관심이 거기 있어요. 오죽하면 주님께서 "네 보물이 있는 곳에는 네 마음도 있느니라"고 마태복음 6장 21절에서 말씀해 주셨겠습니까? 동시에 주님은 뭐라고 말씀하시는 줄 아세요? "오직 너희를 위하여 보물을 하늘에 쌓아두라." 왜 그런 줄 아세요? 인생을 살아가면서 뭔가를 아는 사람들은 미래를 준비합니다. 내 집에 갔을 때에, 내가 원했던 목적지에 갔을 때에 '잘 살아야지 잘 써야지!' 하고 말입니다.

우리는 이 세상에서 만족하고 끝날 인생이 아니라, 하나님의 사람들이며 영원한 하나님의 나라에서 살 사람들입니다. 그래서 천국에 관심을 갖고 인생을 살아갈 것을 말씀해 주십니다.

공생애를 마무리하면서 주님은 우리가 깨끗하게 되길 원하셨습니다. 그리고 주님은 하늘나라에 우리의 보물이 많이 있길 원하셨고 신랑 되신 주님께 모든 것을 드리고 싶어하는 하나님의 사람들, 참된 주님의 백성들, 주의 신부 되기를 원하십니다.

신부는 신랑을 위해서 몸단장을 할 뿐만 아니라 사랑하는 신랑을 위해서 모든 것을 다 드리고 싶어합니다. 신랑도 마찬가지입니다. 목숨 걸고 신부를 지켜 주고, 일생을 신부와 함께 살고 싶어하는 것이 신랑입니다.

주님은 우리에게 영원토록 하나님 나라에서 함께 살 하나님의 사람인 것을 확인하면서 살길 원하십니다. 또한 주님은 우리에게 주님 위해 살아가는 하나님의 백성 되길 원하십니다. 영혼도 육신도 깨끗한 가운데, 주님께 이 몸 바쳐 드리기를 요구하십니다. 그렇게 살기 원하시는 것이 주님의 마음인 것을 깨닫기 원하십니다. 주님의 이 간절한 마음과 소원을 잊지 마시길 바랍니다.

주님은 모든 것의 주인 되십니다. 주님은 모든 것을 가지신 분이십니다. 그리고 주님은 모든 것을 우리에게 다 주셨어요. 우리가 마음에서부터 정말 주님께 드린다면, 모든 것을 더 주시고 넘치도록 주시는 우리 주님 예수 그리스도이십니다. 그 주님 예수 그리스도, 그 신랑 되신 예수 그리스도, 그분께 우리 인생을 맡기고, 행복하게 미래를 바라보며 사는 저와 여러분이 되기를 바랍니다.

주님께 좋은 일을 한 여인

"예수께서 베다니 나병환자 시몬의 집에 계실 때에 한 여자가 매우 귀한 향유 한 옥합을 가지고 나아와서 식사하시는 예수의 머리에 부으니 제자들이 보고 분개하여 이르되 무슨 의도로 이것을 허비하느냐 이것을 비싼 값에 팔아 가난한 자들에게 줄 수 있었겠도다 하거늘 예수께서 아시고 그들에게 이르시되 너희가 어찌하여 이 여자를 괴롭게 하느냐 그가 내게 좋은 일을 하였느니라 가난한 자들은 항상 너희와 함께 있거니와 나는 항상 함께 있지 아니하리라 이 여자가 내 몸에 이 향유를 부은 것은 내 장례를 위하여 함이니라 내가 진실로 너희에게 이르노니 온 천하에 어디서든지 이 복음이 전파되는 곳에서는 이 여자가 행한 일도 말하여 그를 기억하리라 하시니라"(마 26:6-13)

오늘 새벽에도 하나님의 은혜가 여러분들에게 넘치기를 기원합니다. 주님은 남은 한 주간의 공생애를 어떻게 보내셨는가? 제자들과 함께 이 소중한 시간들을 하루하루 보내셨습니다. 어쩌면 주님이 하루하루 보내시는 날들이 우리에게 주시는 메시지요, 이 시대를 살고 있는 우리 모두에게 주시는 하나님의 교훈인 것을 우리가 깨닫게 됩니다.

무엇보다도 주님은 제자들이 하나님의 뜻을 바로 알기를 원하셨습니다. 오늘도 예수 믿는 저와 여러분들이 하나님의 뜻을 바로 알기를 원하십니다. 사람이 어떤 것을 행할 때는 목적이 분명해야 합니다. 목적이 분명하지 못할 때 아무리 거창한 일을 했다 할지라도, 목적에 맞지 않는 일을 거창하게 하면 할수록 그게 더 큰 문제를 일으킨다는 것을 알게 됩니다. 그러나 작은 것이라 할지라도 목적이 분명하게 맞으면 큰 효과를 보게 되는 것입니다.

왜 주님께서는 성전에 올라가시자마자 성전을 청결하게 하려 하셨을까요? 주님은 이 시대의 성도들이 거룩하길 원하세요. 깨끗하길 원하십니다. 주님은 정말 우리를 구원해 주신 주님께 온몸을 바쳐서 헌신하기를 원하십니다. "주님! 정말 나 같은 것을 구원하섰는데, 제가 무엇으로 주님께 드릴 수가 있겠습니까?" 주님은 진정한 헌신을 원하십니다. 계산하지 않는 헌신 말입니다.

사도행전에 보면 "바나바"라는 사람을 볼 수 있습니다. 초대교회 예루살렘에 많은 가난한 사람들이 있었습니다. 그 때 바나바가 자원해서 자기 부동산을 팔아서 헌금을 합니다. 교회에 좋은 모델이 된 것이죠. 그 때 아나니아와 삽비라도 자기 재산을 팝니다. 거기까지는 너무 훌륭해요. 그런데 그 뒤에 일부를 감추고 전부라고 합니다. 주님은 그런 예물을 원치 않습니다. 그런 인생을 원치 않아요.

사람도 마찬가지지요. 저 사람이 충신인 줄 알았는데, 뚜껑을 열어보니 간신奸臣이에요. 그 때 그렇게 허무할 수가 없습니다. 그렇게 믿었는데…. 그러나 주님은 속일 수가 없습니다. 사람은 얼마든지 속일 수가 있지만 하나님은 속일 수가 없습니다. 주님은 비록 가난하고 모자라지만, 주님을 향한 온전한 헌신을 기뻐 받으십니다. 주께 헌신할 때 망하나요? 오히려 그 사람을 들어 위대한 하나님의 사람으로 삼으시는 분이 우리가 믿는 주님이시요, 살아 계신 하나님 아버지이십니다.

칭찬받은 여인의 헌신

　수요일에 주님께서는 베다니 시몬의 집에 가셨습니다. 전엔 나병환자였는데, 아마도 주님께서 치료해 주신 것 같습니다. 베다니 하면 제일 먼저 생각나는 사람이 나사로와 그의 누이들, 마르다와 마리아일 것입니다. 베다니 시몬의 집에 있을 때에 나사로와 그의 누이들이 동석을 했습니다. 마르다는 열심히 음식을 준비하느라고 분주했습니다. 그리고 나사로는 예수님과 대화를 나누었습니다. 한 폭의 그림같이 그 모습이 그렇게 아름다울 수 없었을 것입니다.

　부엌에서는 마르다가 열심히 음식을 준비합니다. 시몬은 너무 기쁘고 즐거워서 어쩔 줄을 몰랐을 것입니다. '문둥이 죄인의 집에 주님이, 게다가 마지막 여정에 우리 집에 오시다니!' 아마도 감격의 순간을 맞이했을 것입니다. 나사로 그도 얼마 전에 죽었는데, 죽은 지 나흘이 지나 썩은 그를, 그런 형편없는 상태였는데, 주님이 다시 살려 주셔서 마지막 고난의 그 한 주간에 주님과 대화할 수 있었으니 너무 기뻤을 것입니다.

　그런데 그 때 여인이 등장을 합니다. 예수님께서 여러 사람과 대화하는 그 때, 여인이 향유 옥합을 깨뜨려서 주님의 머리에서부터 쏟아 부어 드린 것입니다. 귀한 향유 한 옥합을…. 갑자기 집안

분위기가 향기 가득한 축제와도 같고, 향수로 온 집안이 가득히 메워진 황홀한 시간을 보내게 되었을 것입니다.

그렇지만 향유 옥합을 깨뜨려 주님께 쏟아 부은 일 때문에, 식사하던 장소가 순식간에 토론의 장소로 바뀌고 만 겁니다. 아니, 여인을 무안하게 만든 자리가 되고 만 겁니다. 이들은 동시 다발적으로 여인에게 이렇게 말합니다. "어찌하여 허비했느냐? 이 향유를 300 데나리온 이상에 팔아 가난한 자들에게 줄 수 있었겠도다." 그리고 그 여자를 책망했다고 마가복음 14장 4, 5절에서 말씀해 주십니다.

이때 만약 예수님께서 등장하지 않으셨다면, 만약 이때 예수님께서 이 여인에 대해 말씀해 주시지 않으셨다면, 예수님께 향유 옥합을 깨뜨려 부어 드린 이 여인은 오히려 가난한 사람은 외면하고, 그 큰돈을 예수님께 부음으로 말미암아 나쁜 여인이 될 뻔했습니다. 그런데 주님은 제자들에게 분명하고 아주 단호하게 말씀하셨어요.

"너희가 어찌하여 그 여인을 괴롭게 하느냐. 그가 내게 좋은 일을 하였느니라"(마 26:10)

여인은 예수님에게 좋은 일을 하였습니다. 예수님께서 좋은 일을 했다고 말하기 전까지는 괴로움을 당할 뻔한 여인이었습니다. 예수님에게 쏟아 부은 것이 괴로움의 원인이 되었고, 나쁜 여인으로 치부될 상황이었던 것입니다.

오늘 아침에 우리는 생각할 것이 있습니다. 주님께 드린다고 해서 다 좋은 것인가? 오늘 이 여인이 예수님께 옥합을 깨뜨려서 부어 드린 이 돈이 얼마인가? 300 데나리온이라고 말합니다. 엄밀하게 말하면 300 데나리온이 더 된다고 합니다. 한 데나리온은 장정한 사람의 하루 품삯입니다.

요즘에 장정 한 사람의 품삯을 한번 물어봤습니다. 마침 우리 집 앞에 큰 건물을 짓고 있어서 물어봤더니, 어떤 사람은 20만 원, 기술자는 25만 원이라고 합니다. 평균 20만 원 잡으면 6천만 원이에요. 6천만 원을 탁 쏟아 부었어요. 6천만 원을 쏟아 부으니까, 예수님께서 기뻐하셨나요? 좋은 일을 했다고 예수님께서 말씀하신 이유가 6천만 원을 쏟아 부었기 때문에 그랬을까요? 그러면 6천만 원이 없는 사람은 좋은 일을 할 수가 없단 말입니까?

여인이 칭찬받은 이유

10절 이하의 말씀을 보면 예수님께서 여인에게 그렇게 말씀하셨던 이유를 알 수 있습니다. '아, 이래서 좋은 일을 했구나!' 하고 발견하게 됩니다. 오늘 읽은 마태복음 26장 11-13절인데 같이 읽어 보겠습니다.

> "가난한 자들은 항상 너희와 함께 있거니와 나는 항상 함께 있지 아니하리라. 이 여자가 내 몸에 이 향유를 부은 것은 내 장례를 위하여 함이니라. 내가 진실로 너희에게 이르노니 온 천하에 어디서든지 이 복음이 전파되는 곳에서는 이 여자가 행한 일도 말하여 그를 기억하리라 하시니라"(마 26:11-13)

여기에 보면 주제가 두 가지가 있죠? 첫째, 예수님께서 여인을 향하여 좋은 일을 했다고 말한 이유는 그녀가 예수님의 장례를 준비했기 때문입니다. 생각해보십시오. 문둥이 베다니 시몬의 집에서 음식을 장만해서 제자들과 함께 맛있게 먹는 잔칫날입니다. 시몬이 감격에 겨워서 어쩌면 양도 잡았을지 모릅니다. 아니, 더 큰 것을 잡았을지도 모릅니다. 분위기가 무르익습니다. 아주 기분이 좋습니다. 제자들도 배불리 먹으니 얼마나 신이 나겠습니까?

엊저녁에 제자훈련을 했습니다. 늘 교회에서 하다가 모처럼 만에 한 형제의 집에서 모임이 시작되었습니다. 생일날이라는 생각이 들 정도로 음식이 푸짐하고 맛있었습니다. 아파트 같은 라인에 있는 사람을 불러서 함께 준비를 했다는데, 들어갈 때부터 기분이 좋았습니다. 그런데 만약 제가 들어가면서 본문의 제자들과 같이 말했더라면 어떻게 되었을까요? "그냥 라면이나 끓이고, 그 돈으로 차라리 가난한 사람들에게 나눠 주지. 괜히 돈만 허비했구먼."

여러분! 어떤 생각이 드십니까? 어떻게 생각하세요? "맞아. 라면을 끓여야 하는데, 역시 우리는 목사님보다 못해. 육적으로는 민감하고 빠른데, 영적으로는 너무 무뎌." 그렇게 생각하는 사람이 있을까요? 아무도 없습니다.

만약 영적으로 민감하게 깨달았다면, "아! 우리는 생각하지 못했는데, 그대는 어떻게 예수님의 장례를 준비할 수 있단 말이요?"라고 말했을 것입니다. 게다가 "향유 옥합"은 결혼하지 않은 여인이 자신이 결혼할 때를 위해 준비하는 평생의 귀한 재산이라고 합니다.

그런데 그것을 주님께 쏟아 부었을 때, 그냥 쏟아 부었을까요?

그 여인은 머리가 나쁘다는 생각이 드십니까? 아니요. 그 여인은 머리 나쁜 사람이 아닙니다. 돈에 대해서 계산하지 않는 사람은 거의 없어요. 사람은 누구나 다 똑같습니다.

이 여인은 '이 길이 주님의 마지막 길'인 것을 압니다. 내가 예수님에게 마지막에 최선으로 할 수 있는 일이 무엇일까? 그것은 주님께 향유를 쏟아 붓는 것이었습니다. 여러분! 이제 다시 만날 수 없는 길을 가게 되는 한 사람, 절친한 사람이 있다면, 여러분은 어떻게 하겠어요? 어느 선에서 적당히 하고 끝내겠습니까? 아니면 내가 최선을 다해 주고 싶은 것을 다 주고 싶은 마음이 있지 않겠어요? 그게 인간 아닙니까?

오늘 이 여인이 바로 그런 주님, 예수 그리스도의 장례를 준비한 것입니다. 아무나 헌신할 수 없어요. 아무나 주님께 드릴 수가 없어요. 그처럼 호언장담했던 베드로도 생각 못했습니다. 야고보도 못했습니다. 주님의 사랑을 독차지했던 요한도 생각하지 못했습니다. 이 여인만이 생각을 한 거예요. 왜 그런 줄 아세요? 주님의 말씀을 귀담아들었기 때문입니다.

여러분! 믿음은 들음에서 나는 것입니다. 기독교는 주님의 말씀에 근거해서 우리의 신앙이 자라는 것입니다. 그리고 행동으로 옮겨지게 되는 것입니다.

누가 뭐라고 말해도, 하나님의 말씀이 내 가슴에 들어오면, 어느 상황에 있다 할지라도 주님 앞에 아낌없이 드릴 수 있는 용기가 생기고 진실한 믿음이 발동하는 것입니다. 오늘 이 여인은 예수님의 말씀을 가볍게 듣지 않았어요. 주님의 말씀을 가슴에 담았습니다. 그 말씀을 소홀히 하지 않았어요. 가슴 깊이 담았습니다. 그리고 마침내 그 때가 된 것을 깨닫게 된 것입니다.

옳습니다. 오늘 이 시대도 마찬가지예요. 오늘 주님께서 예수 믿는 저와 여러분들에게 요구하고 있는 것은 주님의 말씀에 대해서 관심을 가져야 한다는 사실입니다. 주님이 무엇을 원하시는지, 오늘 이 세상을 어떻게 살아야 하는지, 말씀을 통하여 깨닫기를 원하신다는 사실입니다.

말씀을 잘 깨닫는 사람

주님은 우리가 주님의 뜻이 무엇인지 알기를 원하십니다. 현 시대는 교회 시대입니다. 주님은 교회를 통해서 주님의 몸 된 교회를 통해서 영광 받으시길 원하십니다. 오늘 예수 믿는 저와 여러분들을 통해서 영광 받으시기를 원하십니다. 세상이 아니라 교회가 주님 앞에 온전한 헌신을 하기를 원하십니다. 우리는 너무 진리를 몰라요. 우리는 하나님의 말씀을 모릅니다. 자기 식대로 계산합니다. 자기 식대로 생각합니다. 자기 식대로 받아들입니다. 우리는 본래 하나님의 뜻을 깨닫지 못해요.

여러분! 한번 물어볼게요. 옥합을 깨뜨려서 주님께 드린 사건이 이것 하나일까요, 아니면 하나 더 있을까요? 하나 더 있습니다. 오늘 본문은 마태복음 26장이지만, 마가복음 14장에도 나오고, 요한복음 12장에도 나와요. 모두 똑같은 내용입니다. 300 데나리온, 베다니 시몬, 문둥이의 집. 다시 말해 한 사건이에요. 하지만 비슷한 내용의 사건이 하나 더 있습니다.

그 말씀이 누가복음 7장 36절부터 나옵니다. 장소가 달라요. 어딘 줄 아세요? 바리새인의 집입니다. 바리새인의 집에 음식을 드시러 들어갔는데, 한 여인이 정면으로 나오지 못합니다. 뒤로 가서 예수님의 발 앞에 엎드립니다. 눈물을 흘립니다. 머리칼로 발을 닦아요. 그리고 자신이 가져온 향유를 쏟아 붓습니다. 그리고 다시 머리카락으로 닦아요. 그 때 어떤 일이 벌어진 줄 아세요? 이걸 팔아서 가난한 사람들에게 줬어야 한다는 말은 안 나와요. 오히려 바리새인이 '예수님이 진짜 선지자라면 저 여인이 어떤 여인인 줄 알 텐데.' 이 동네에서 가장 큰 죄를 지은 여인이라고 속으로 말합니다. 이렇게 큰 죄를 지은 여인인데, 이 죄인이 예수님께 나왔다고 저렇게 좋아할 수 있을까?

사람들은 자기 식으로 성경을 해석합니다. 성경을 조금만 더 자세히 읽으면 알 수 있는데, 자기 식으로 생각하고, 해석하고, 헌신합니다.

그러나 이 여인은 주님의 말씀을 온 마음으로 청종하고 마음에 담았습니다. 여러분! 주님의 말씀을 잘 깨닫는 사람이 주님께 제대로 헌신할 수 있고, 믿음의 삶을 살 수 있습니다. 아무도 예수님의 죽음을 모르고 이해조차 할 수 없었던 그들 속에서, 오늘 이 여인이 예수님의 죽음을 이해하고 옥합을 깨뜨림으로 장례를 준비했습니다. 예수님 마음이 얼마나 허전했겠어요? 그런데 이 여인 때문에 얼마나 위로를 받았겠어요?

제가 몇 주 전에 아버님 묘를 이장했다는 말씀을 드렸습니다. 왜 그런 줄 아세요? 어머님이 걱정을 해요. "내 나이 86세인데, 내가 죽으면 묻힐 텐데." 그런데 뭐가 걱정된다는 거죠? 내가 묻힐 곳이 걱정이 된다는 말입니다. 사람은 마지막이라는 것에 대해서 생각하지 않을 수가 없어요.

예수님도 똑같은 그 길을 걸어가셨습니다. 내가 죽는다. 오죽하면 겟세마네 동산에서 밤새도록 기도하셨겠습니까? "아버지여, 할 만하시거든 이 잔을 내게서 옮기시옵소서." 그런 착잡한 심정을 가지고 예루살렘으로 올라가셨는데, 베다니 문둥이 시몬의 집에서 갑자기 한 여인이 툭 튀어나와서는 놀랍게도 옥합을 깨뜨려 부어 드린 것입니다.

생각해 보십시오. 그 때 나에게 가장 친한 친구가 "잘 가!" 하면서 돌아서서 갔다고 생각해 보십시오. "그래, 넌 역시 멋있는 사람이야. 너는 나에게 줄 것을 가난한 자들에게 나눠 주려고 그러지?" 여러분! 그런 마음이 들겠어요? 아니면 가슴이 뻥 뚫린 것처럼 허전하고 허무하겠습니까? 난 목사이지만 앞의 것은 생각할 수 없습니다. 너무 허전해서 '내가 인생을 잘못 살았나? 이럴 수가 있을까? 마지막인데 내게 이렇게밖에 못해주나? 내가 그 정도밖에 안 되나?'라는 생각이 들 것입니다.

누구도 결정적일 때는 주님을 기쁘시게 할 수가 없습니다. 주님의 말씀에 청종한 사람, 주님의 말씀을 가슴으로 받아들인 사람만이 주님을 기쁘시게 할 수 있습니다. 주님이 어떤 복을 주신 줄 아세요? 주님의 장례를 준비한 이 여인의 행동으로 오늘 이 시대를 살고 있는 저와 여러분들에게 귀감이 되는 믿음을 보여 주신 것입니다.

칭찬받을 우리의 헌신

주님께 가장 필요한 것을 드렸던 여인에 대해 주님께서 뭐라고 말씀하십니까?

"복음이 전파되는 곳에 이 여인이 행한 것도 전하여지리라"(마 26:13)

주님의 놀라운 축복이죠? 오늘 이 시대에 예수를 믿는 저와 여러분들이 정말 준비할 것이 있다면 그것이 무엇인 줄 아세요? 장례가 아닙니다. 오늘 이 시대에 살아가고 있는 사람들이 잊고 있는 바로 예수 그리스도의 재림이란 사실을 잊지 마시기 바랍니다.

주님은 다시 오십니다. 사람들에게 잊혀져 가고 있는 영원한 천국을, 오늘 우리가 준비하면서 살아야 된다는 사실을, 주님께서 그토록 열망하고 있다는 사실을 잊지 마시기 바랍니다. 주님은 말씀하셨어요. 내가 간 그대로 너희들에게 오겠다고 말씀해 주셨어요. 여러분! 자나깨나 우리가 소망해야 할 부분들이 있다면 다시 오실 예수 그리스도입니다. 장례가 아니에요.

그렇다면 다시 오실 예수 그리스도를 만날 내가 어떻게 살아가야 하는가? 주님께서 오실 때 내가 어떻게 살다가 주님을 만나야 할까? 그 주님을 만나야 한다는, 믿음의 삶을 살아야 한다는 사실입니다. "오 예수여, 오시옵소서." 마라나타를 그렇게 외쳤던 사도 요한처럼 다시 오실 주님을 맞이할 그 설레는 가슴을 갖고 살아가기를 주께서 원하신다는 사실입니다.

그 주님께서 다시 오십니다. 영광의 보좌 위에 앉으신 주님, 만왕의 왕으로 오실 주님은 반드시 다시 오십니다. 그 때에는 주님이 감격하는 것이 아니라 오늘 그 자리에 참석할 하나님의 사람들에게 감격이 있다는 사실을 잊지 마시길 바랍니다.

성경에 보면 수없이 주님의 재림에 대해서 말씀해 주십니다. 천국에 대해서 말씀해 주십니다. 그 주님 맞이하는, 아니, 오늘이라도 주님 오신다면 맞이할 수 있는 저와 여러분이 되기를 바랍니다.

THE PASSION WEEK
목요일*

* 제자들의 발을 씻기시다
  요한복음 13:1-17

* 제자들과 마지막 만찬을 나누시다
  마태복음 26:17-30

* 겟세마네에서 기도하시다
  마태복음 26:36-46

* 잡히시다
  마태복음 26:47-56

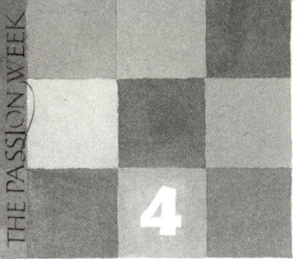

겟세마네에서의 번민

"그들이 겟세마네라 하는 곳에 이르매 예수께서 제자들에게 이르시되 내가 기도할 동안에 너희는 여기 앉아 있으라 하시고 베드로와 야고보와 요한을 데리고 가실새 심히 놀라시며 슬퍼하사 말씀하시되 내 마음이 심히 고민하여 죽게 되었으니 너희는 여기 머물러 깨어 있으라 하시고 조금 나아가사 땅에 엎드리어 될 수 있는 대로 이 때가 자기에게서 지나가기를 구하여 이르시되 아빠 아버지여 아버지께는 모든 것이 가능하오니 이 잔을 내게서 옮기시옵소서 그러나 나의 원대로 마시옵고 아버지의 원대로 하옵소서 하시고 돌아오사 제자들이 자는 것을 보시고 베드로에게 말씀하시되 시몬아 자느냐 네가 한 시간도 깨어 있을 수 없더냐 시험에 들지 않게 깨어 있어 기도하라 마음에는 원이로되 육신이 약하도다 하시고 다시 나아가 동일한 말씀으로 기도하시고 다시 오사 보신즉 그들이 자니 이는 그들의 눈이 심히 피곤함이라 그들이 예수께

무엇으로 대답할 줄을 알지 못하더라 세 번째 오사 그들에게 이르시되 이제는 자라 쉬라 그만 되었다 때가 왔도다 보라 인자가 죄인의 손에 팔리느니라 일어나라 함께 가자 보라 나를 파는 자가 가까이 왔느니라"(막 14:32-42)

이 새벽에도 하나님의 풍성한 은혜가 여러분에게 넘치길 기원합니다. 주님은 남은 한 주간을 통해서 고난에 임하게 됩니다. 목요일, 주님은 하루 종일 급하게 보내셨습니다. 마지막 유월절을 보내시기 위해서 새 언약을 세우셨습니다. 주님은 떡을 떼시면서 "이것은 내 몸이니라!" 하시고, 또 "잔을 가지사 감사 기도하며 그들에게 주시며, 이것은 많은 사람을 위해서 흘리는 바 나의 피 곧 언약의 피"라고 말씀해 주셨습니다.

이제는 유월절이 아니라, 성찬을 통해서 죄로 말미암아 죽을 인생이 예수 그리스도께서 베풀어 주신 십자가의 구원의 은총으로 살게 되는 도리를 가르쳐 주신 것입니다. 주님은 주님 오실 때까지 떡을 떼며 잔을 마시며 주님의 죽으심을 전하라고 말씀하셨습니다.

세상 죄를 진 어린양의 모습

바울 사도도 이 부분을 아주 강조해서 말씀해 주십니다. 고린도전서 11장 26절입니다.

> "너희가 이 떡을 먹으며 이 잔을 마실 때마다 주의 죽으심을 그가 오실 때까지 전하는 것이니라"(고전 11:26)

주님은 이제 오늘이 지나고 내일이면, 당신이 어떻게 될지를 너무나도 잘 아십니다. 무서운 고난의 십자가, 국가에서 가장 극형으로 정해놓은 십자가에 죽으신다는 사실을 주님은 너무 잘 아셨을 것입니다. 그뿐만 아니라 오늘 밤 가룟 유다가 자기를 팔 것도 아셨습니다. 마지막 유월절 음식을 먹고는 사라질 것을 아셨습니다.

제자들이 배반할 것도 아셨습니다. 베드로가 세 번이나 부인할 것도 아셨습니다. 얼마 지나지 않으면 사람들이 뿔뿔이 흩어질 것도 아셨습니다. 알고 있는 예수님의 마음이 얼마나 씁쓸하시고 괴로우셨으며, 얼마나 허전하셨겠습니까?

그러나 주님은 자신이 마무리해야 할 일을 마무리하시면서 오늘도 가셔야 할 길을 걸어가셨습니다. 예수님은 예수 믿는 사람들이 어떤 삶을 살아야 하는지를 보여 주시는 그런 모델이 되십니다. 자신의 일을 끝까지 감당하는 모습을 보여 주십니다.

사람들이 배반하고 다 떠나고, 자기를 팔아서 내일이면 십자가에 못박혀 죽을 것을 뻔히 아시면서도, 오늘 내가 해야 할 일을 감당하시는 것을 봅니다. 이것이 예수 믿는 성도의 바른 모습이라고 생각합니다. 아무리 힘들어도, 아무리 억울해도, 아무리 손해를 본다 할지라도, 주님께 맞춰진 믿음의 삶만큼은 변함이 없어야 하는 것입니다.

주님을 향한 그 믿음의 모습은 여전히 한결같아야 할 것을 말씀해 주십니다. 그리고 내가 해야 할 일은 끝까지 잘 감당해야 할 것을 말씀해 주십니다. 우리는 이 세상을 살아가는 하나님 나라의 백성들입니다. 적당히 살다가 주님 앞에 갈 수 없는 사람들입니다. 우리는 또 이 세상에 맞춰 살아서도 안 되는 사람들입니다. 우리는 하나님 나라의 도리에 맞춰서 사는 하나님 나라의 백성들입니다.

실수했다면 빨리 돌아서야 하고, 잘못 살았다면 속히 제대로 된 삶으로 돌아오는 게 하나님의 사람들입니다. 왜냐하면 우린 주님과 떼려야 뗄 수 없는 주의 백성이요, 자녀이요, 그리스도의 신

부이기 때문입니다.

죽음을 앞두신 주님의 기도

주님은 유월절 성만찬을 마치시고, 습관을 따라 기도하시던 겟세마네 동산에 오르셨습니다. 그리고 주님이 뭐라고 말씀하시는 줄 아세요? "너희는 내가 기도할 동안 여기 앉아 있으라"고 말씀하시면서 베드로와 야고보와 요한을 따로 데리고, 다른 제자들보다 조금 앞으로 가셨습니다.

베드로와 야고보와 요한에게 말합니다. 솔직히 말합니다. "심히 놀라시사 슬퍼하시며 말씀하시기를 내 마음이 심히 고민하여 죽게 되었으니 여기 머물러 깨어 있으라"(막 14:33-34)고 하십니다. "아주 슬퍼하였다"고 했어요. 예수님이 심히 놀라셨다고 말씀했어요. 심히 놀랬다.

여러분! 예수님이 심히 놀라신 적이 있나요? 예수님이 심히 슬퍼하신 일이 있으셨나요? 아니요. 오늘 본문에 보면 "심히 놀랬다. 심히 슬퍼했다"고 말씀해 주십니다. 그리고 이렇게 말합니다.

"내 마음이 심히 고민하여 죽게 되었으니 너희는 여기 머물러 깨어 있으라"(막 14:34)

4. 겟세마네에서의 번민

주님의 복잡하고 아주 절박한, 그러한 그 마음의 상태를 읽을 수 있습니다. 예수님은 세 제자를 그 곳에 두고, 그들보다도 조금 먼저 앞으로 가서 자리를 잡으셨습니다. 그리고 곧바로 하나님 앞에 엎드려 간구합니다.

"아빠 아버지여! 아버지께는 모든 것이 가능하오니 이 잔을 내게서 옮기시옵소서"(막 14:36)

여기 "아빠"란 말은 아람어로 친근감을 말해 줍니다. 아버지에게 그저 그냥 안기는 어린아이와 같은 어법입니다. "아빠! 아빠는 모든 것이 가능하지요? 이 잔을 내게서 옮겨주세요."

한 번도 이렇게 기도했던 부분이 성경에 없어요. 오늘 겟세마네 동산에서 예수님께서는 "아빠"라고 말합니다. "아빠!" 사람도 어렸을 때는 '아빠'라고 하다가, 나이가 들면 '아버지', 결혼하면 '아버님', 그러다가 우리도 모르는 사이에 '아빠'라고 말할 때가 언제입니까? '엄마! 엄마!' 하다가 '어머니'라고 바뀌죠. 그러다가 어느 때 엄마라고 부릅니까? 군대에 가서 남자들이 유격훈련을 받을 때, 애인의 이름을 대라고 합니다. "없습니다." 그러면 '어머니'라도 부르라고 합니다. 그 때도 어머니라고 부르지, '엄마'라고 부르지 않아요.

그런데 아무도 없는 데서, 내 마음이 굉장히 고달프고, 허전하고 뭔가를 의지하고 싶을 때 '엄마'라고 부릅니다. 또 나이가 들고 인생을 살면 살수록 '아, 우리 아버지가 이렇게 하였겠구나.' 또 내가 뭔가를 정말 의지하고 싶은데 아무도 없어요. 그럴 때 우리도 모르는 사이에 '아빠가 계셨으면 좋았을걸!' 하고 생각합니다. 예수님은 우리에게 인간의 진솔한 모습을 보여 주십니다.

"아빠!" 어린아이가 이렇게 말합니다. "아빠는 모든 것을 다 할 수 있지?" 오늘 예수님은 이렇게 말씀하십니다. 예수님이 기도하는 이 모습은 이것이 가능한 내용이라 해서 기도하셨을까요? 아니요. 분명히 본인이 이 잔을 마셔야 하는 것을 아시면서도 기도하셨습니다. 왜 그러지요? 본인이 감당하기에 너무 벅차서 그렇습니다. 너무 버거워요.

예수님의 기도를 들으며, 하나님의 마음은 찢어졌습니다. 그런데 반대로 한번 생각해 봅시다. "아빠!" 어린아이가 아빠를 부르는데, 아빠가 그 말을 듣고서 외면합니까? 아니죠. 반색하지요? 반색해요. "어이구! 내 자식!" 하며 반색하죠?

오늘 하나님께서 어떠시겠어요? "아빠, 아버지께는 모든 것이 가능하오니 이 잔을 내게서 옮기시옵소서." 이 기도를 들으신 하나님께서는 얼마나 마음이 아프시겠어요? 하나님은 모든 것을 하실 수 있잖아요. 그런데 사랑하는 아들 예수 그리스도께서 "아빠! 아빠는 모든 것을 하실 수 있잖아요? 이 잔을 내게서 옮기시옵소서. 이 잔을 내게서 옮겨 줄 수 있지?"라고 할 때, 우리 하나님 아버지의 마음이 얼마나 난감했겠습니까?

하나님은 모든 것을 하실 수 있는 전능하신 하나님이십니다. 그 하나님이 정하신 법칙이 있습니다. 죄는 통과할 수 없다는 것입니다. 죄는 그에 대한 형벌을 받아야 하는 것입니다. 하나님이 정하신 법칙은 무너뜨릴 수 없습니다. 모든 것을 하실 수 있지만, 주님은 결코 이 기도를 들어 줄 수 없는 것을 너무나도 잘 압니다. 이 때에 예수님께서 곧바로 어떻게 기도하시죠?

"그러나 나의 원대로 마옵시고 아버지의 원대로 하옵소서"(막 14:36)

방금 전에는 어린아이 같은 심정으로 기도했는데, 당장에 바로 철든 아주 장성한 아들이 기도하는 것 같은 기도입니다. 하지만 주님의 기도가 막무가내는 아닙니다. 너무 절박하고, 너무너무 힘들고, 너무나도 버거운 사건 앞에서 자기도 모르게 "아빠!" 하고 불렀다가 순간 정신이 드는 거지요. "그러나 나의 원대로 마옵시고 아버지의 원대로 하옵소서."

자기 입장을 생각해서 기도했다가, 아버지의 입장을 생각해서 기도합니다. 이것을 내다보시는 하나님 아버지의 마음은 방금 전보다도 훨씬 더 찢어지게 아픈 마음이었을 거예요.

주님의 기도는 자신의 문제가 아닌, 우리의 죄 때문이었습니다. 겟세마네 동산에서 예수님이 기도하는 모습은, 사실은 예수님의 기도는 자신의 기도이지만, 동시에 하나님도 똑같이 그 기도에 동참하시면서 아파하시는 기도임을 우리에게 보여 주십니다.

또한 죄가 얼마나 무서운가를 우리에게 가르쳐 주시지요. 죄라는 건 누군가가 반드시 대가를 치러야 한다는 것을 가르쳐 줍니다. 죄를 지으면 그것은 반드시 해결되어야 할 것을 우리에게 가르쳐 주십니다.

마지막에 주님께서 이렇게 심각한 기도를 한 이유가 뭡니까? 본인의 죄가 아니라, 우리의 죄 때문에 그렇게 심각하게 기도하신 것입니다. 저는 여기에서 주님의 따뜻한 사랑을, 너무 깊은 주님의 마음을 알게 됩니다. 그게 뭔지 아세요?

"하나님, 제가 홍동필, 김견수, 박시용, 임권희, 박용규, 다 이놈들 때문에 내가 죽어야 되는데…. 하나님! 내가 너무 힘듭니다." 이렇게 기도했나요? 한마디도 우리의 어떤 것을 들춰내지 않으세요. "내가 수많은 이 사람들을 짊어지려니까 너무 힘듭니다." 그렇게 하지 않으셨어요. 우리는 쏙 빼고 본인이 탁 앞에 서서, 내가 받아야 할 잔이라고 생각하시고 기도하시는 예수님의 모습입니다.

누구를 개입시키고, 누구를 연계시키고, 주님께는 그런 모습이 없어요. 본인이 담당하시는 것이에요. 그저 예수님이 그냥 엄청난 온 세상의 죄를 몽땅 뒤집어쓰면서 그저 딱 한마디로 말하죠. 본인이 이걸 책임져야 할 그러한 장본인인 것으로 생각하고 기도를 하는 것입니다.

가끔 그러잖아요? 너무 힘들고 억울하면, '누구도 그렇고, 누구도 그렇다는데….' 만약 그 말을 듣는 사람들은 간이 콩만해질 거예요. '저거 내 이름 안 부르나?' 주님은 아예 전혀 그런 생각이 없어요. 그저 내가 마셔야 할 잔이라고, 감당해야 할 잔이라고, 주님은 생각하고 계신 것입니다. 우리를 연결시키지 않으세요. "내 잔"이라고 주께서는 생각하시는 겁니다. 그렇게 마음먹고, 작정하고, 지금 하나님 앞에 매달리고 있는 것입니다.

잠이 든 제자들

그런데 제자들의 모습은 어떻지요? 베드로와 야고보와 요한을 따로 데리고 갔는데 그들의 모습은 어떻습니까? 밤새도록 세 번이나 반복해서 땀방울이 핏방울이 될 정도로 기도하신 예수님의 모습과는 달리, 제자들은 주님의 마음을 알지도 못하고 그저 곤해서 잠에 빠진 겁니다.

주님이 첫 번째 오셔서 쳐다보니까 잡니다. 그 때에 다른 사람 부르지 않지요?

"시몬아! 자느냐? 네가 한시 동안도 깨어 있을 수 없더냐? 시험에 들지 않게 깨어 있으라. 마음에는 원이로되 육신이 약하도다"(막 14:37-38)

우리 같으면 어떻게 할까요? "이놈아! 내가 너 때문에 그러잖아? 네놈들 때문에 내가 이렇게 고난을 앞에 두고 기도하고 있는데 언제나 철들래? 내가 저놈들을 위해 꼭 죽어야 하나?" 이런 말이 툭 튀어 나올 것입니다.

"내가 그렇게 충성하고 살았는데, 내가 조금 이렇게 했다고 그럴 수가 있어?" 아마 그게 우리 인간의 모습일 것입니다. "내 마음을 그렇게 몰라? 그래, 힘들 때 너는 모르는 척하는구나." 아마 틀림없이 그런 마음이 들 것입니다. 그래서 고함을 빽 지르거나 과격해지거나 거친 행동이 나왔을 거예요.

그러나 주님은 "시몬아 자느냐? 네가 한시도 깨어 있을 수 없더냐? 시험에 들지 않게 깨어 있어 기도하라. 마음에는 원이로되 육신이 약하도다"라고 말씀하시며 베드로를 이해하십니다. 이렇듯 주님께서 한결같이 사랑하시면서 제자들을 대하시는 모습을 보게 됩니다.

원망이 없는 기도

저는 매년 고난주간 새벽기도를 인도하지만, 금년에는 많이 다른 것을 느낍니다. 그전에는 느끼지 못했던 주님의 따뜻한 사랑을 더 많이 느끼고, '내가 참 죄인이구나! 얼마나 형편없는 죄인인가!'를 더 많이 절감합니다.

그리고 인간이 얼마나 간사한가를 더 많이 깨달아요. '참 간사하다. 참 인간이 간사하구나. 너무 추하다. 너무 지저분하다.' 그것을 더 많이 느낍니다. 공부를 많이 했으면 괜찮을 것 같은데 너무 추해요. 나이가 많이 들었기 때문에 괜찮을 것 같은데 아니에요. 똑같이 추해요. 돈 많고 건강해서 괜찮을 것 같은데 아니에요. 그것도 추합니다. 나이가 많이 들어서, 세파에 찌들어서 추한 것이라면, 젊은 사람은 추하지 않아야 할 것 같은데 똑같아요. 똑같이 지저분해요.

이런 우리의 모습을 예수님은 너무나 잘 아시잖아요! 주님은 조금 지나면 가룟 유다가 배반하면서 자기를 잡으러 올 것을 아시지요? 베드로가 세 번 부인할 것을 예수님이 아시지요? 다 떠날 것을 예수님이 아시지요? 예루살렘에 입성할 때에 "호산나 다윗의 자손이여!" 외쳤던 군중들이 "십자가에 죽이라!"고, 찬송하던 입에서 죽이라는 말로 바뀔 것을 주님은 아시지요?

그런데 예수님은 "너희가 그럴 수가 있어?"란 말을 하지 않으셨는데, 목사의 입에서는 그 말이 나오더란 겁니다. 주님은 묵묵히 기도함으로 이것을 극복해 나가시는 것을 보게 됩니다.

예수님의 기도의 모습이 너무 진실해요. 마치 애기가 아빠한테 매달리듯이 하면서 아빠를 사랑해요. 그렇기 때문에 아빠 마음을 아프지 않게 하기 위해서, "나의 원대로 마옵시고 아버지의 원대로 하옵소서" 하고 기도했던 겁니다.

얼마 전에 '일곱 살짜리 아내'란 제목의 글을 읽었습니다. 어떤 내용인 줄 아세요? 일곱 살짜리 딸이 얼마 전에 엄마가 돌아가셨어요. 그런데 아침마다 엄마가 아빠에게 양말을 챙겨 주고, 와이셔츠를 다려 주고 했던 것을 자기는 못 하잖아요. 그러니까 양말만 챙겨 주는 거예요. 그리고 편지를 썼어요. "아빠! 너무 아프지? 그런데 내가 엄마만큼 할 수가 없어. 하지만 엄마가 했던 것처럼 양말을 챙겨서 아빠한테 드려요. 아빠! 힘내요." 그러면서 아빠에게 일곱 살짜리 딸이 엄마만큼 못해서 미안하다고, 챙겨 주지 못해서 미안하다고, 하루 종일 힘들게 일하면서 자기를 키워주고 가정을 돌보는 아빠에게 고맙다고 일곱 살짜리가 편지를 썼어요.

과연 우리가 이렇게 주님을 생각할까요? 하나님에 대해 이렇게 생각을 하나요? '우리 하나님의 마음이 어땠을까? 우리 주님의 마음이 어땠을까?' 우리가 이것을 한번이라도 생각을 해봤나? 오늘 무거운 짐을 감당해야 할 하나님의 아들 예수님과 아버지 하나님을 봅니다. 변할 수 없는 상황이지만, 고통 속에 기도하는 아들과 그런 아들의 기도를 들어야 하는 아버지의 찢어지는 마음이 느껴지는 기도입니다. "아빠! 아빠는 모든 것을 할 수 있잖아? 그것 좀 옮겨 줄 수 없어?" 그러다가 "아빠 맘대로 해야지. 아빠 맘대로 해요." 이게 예수님의 기도입니다.

주님의 이름으로 구함

주님은 세 번 기도하신 후에 제자들을 봤습니다. 여전히 잠들어 있었습니다. 그 때 주님이 뭐라고 말씀하시는 줄 아세요?

> "세 번째 오사 그들에게 이르시되 이제는 자고 쉬라. 그만 되었다. 때가 왔도다. 보라. 인자가 죄인의 손에 팔리느니라. 일어나라 함께 가자. 보라 나를 파는 자가 가까이 왔느니라"(막 14:41-42)

주님은 자신을 잡으려는 사람들이 오는 것을 아세요. 기도하면서 다 아세요. 저벅저벅 저쪽에서 거칠게 숨 쉬며 오는 것을 아세요. 밤새도록 기도하시고, 세 번째 기도하시고 제자들에게 오셨습니다.

여러분! 나를 잡으러 오는 것을 뻔히 알면서 제자들에게 이렇게 내색 않고 말할 수 있나요? 그런데 여기서 우리가 위로를 받습니다. 기도하면서 우리도 얼마든지 영적으로 담대해질 수 있다는 사실을 깨닫게 됩니다.

죽음 앞에 있음에도 불구하고 담담하신 예수님처럼, 예수님께서 우리에게 감당할 수 있는 힘과 능력을 주신다는 사실을 깨닫게 됩니다. 기도하면 죽음 앞에서도 초연할 수 있다는 것을 깨닫게 됩니다. 왜 그래요? 주님이 영적인 담력을 주시기 때문입니다.

주님이 우리에게 죽음을 이길 수 있는 힘과 능력도 주신다는 사실입니다. 그래서 마지막 위기의 순간에도 주님을 위해서 죽을 수 있음을, 헌신할 수 있음을 오늘 이 기도를 통해서 깨닫게 됩니다.

주님은 이 기도를 하시기 전에 요한복음 14장과 16장에 보면 이렇게 말씀하십니다.

"그날에 너희가 내 이름으로 무엇을 구하든지 내가 행하리니 이는 아버지로 하여금 아들로 말미암아 영광을 받으시게 하려 함이니라"(요 14:13)

"지금까지는 너희가 내 이름으로 아무것도 구하지 아니하였으나 구하라 그러면 받으리니 너희 기쁨이 충만하리라"(요 16:24)

그것뿐만 아니라 요한복음 13장 1절에서 보면, "유월절 전에 예수께서 세상을 떠나 아버지께로 가실 때가 이른 줄을 아시고 세상에 있는 자기 사람들을 사랑하시되 끝까지 사랑하시니라"고 말씀하십니다.

여기 보면 천국으로 가시겠다는 게 아닙니다. 이 세상에 있는 자기 사람들을 사랑하시되 끝까지 사랑하셨음을 말씀해 주십니다. 우리 주님께서 십자가를 지심도 우리를 사랑하시기 때문입니다. 그리고 주님의 이름으로 기도할 때, 주님은 우리의 기도를 들어 주시고 이렇게 말씀하십니다. "나보다 너희가 더 큰 일을 하리라."

"내가 진실로 진실로 너희에게 이르노니 나를 믿는 자는 내가 하는 일을 그도 할 것이요 또한 그보다 큰 일도 하리니 이는 내가 아버지께로 감이라"(요 14:12)

오늘 우리를 위해서 기도하시는 주님의 모습을 보며 하나님 앞에 엎드리고 싶은 마음이 있습니까? 주님이 아십니다. 그리고 감당할 수 있는 힘과 능력을 주께서 주실 줄 믿습니다.

오늘 주님은 드디어 고난에 들어서시지만, 기도로 극복하시는 주님의 모습을 보게 됩니다. 오늘 우리에게 소망이 있음은, 우리는 연약하고 부족하고 쓰러지기 쉽지만, 주님의 이름으로 기도할 수 있다는 사실입니다. 그 주님이 계시기에 우리는 용기 있게 살아갈 수 있습니다.

THE PASSION WEEK
금요일*토요일

* 베드로가 예수를 세 번 부인하다
  마태복음 26:69-75

* 십자가를 지시다
  마태복음 27:31-33

* 요한에게 어머니를 부탁하시다
  요한복음 19:25-27

* 예수께서 하나님의 아들이셨음을
  백부장이 고백하다
  누가복음 23:47-48

* 경비병이 무덤을 지키다
  마태복음 27:62-66

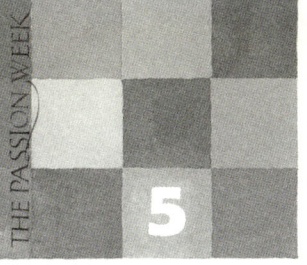

십자가와 생명

"제육시로부터 온 땅에 어둠이 임하여 제구시까지 계속되더니 제구시쯤에 예수께서 크게 소리 질러 이르시되 엘리 엘리 라마 사박다니 하시니 이는 곧 나의 하나님, 나의 하나님, 어찌하여 나를 버리셨나이까 하는 뜻이라 거기 섰던 자 중 어떤 이들이 듣고 이르되 이 사람이 엘리야를 부른다 하고 그 중의 한 사람이 곧 달려가서 해면을 가져다가 신 포도주에 적시어 갈대에 꿰어 마시게 하거늘 그 남은 사람들이 이르되 가만 두라 엘리야가 와서 그를 구원하나 보자 하더라 예수께서 다시 크게 소리 지르시고 영혼이 떠나시니라 이에 성소 휘장이 위로부터 아래까지 찢어져 둘이 되고 땅이 진동하며 바위가 터지고 무덤들이 열리며 자던 성도의 몸이 많이 일어나되 예수의 부활 후에 그들이 무덤에서 나와서 거룩한 성에 들어가 많은 사람에게 보이니라 백부장과 및 함께 예수를 지키던 자들이 지진과 그 일어난 일들을 보고 심히 두려워하여 이르되 이는 진실로 하나님의 아들이었도다 하더라 예수를 섬기며 갈릴리에서부터 따라온 많은 여자가 거기 있어 멀리서 바라보고 있으니 그 중에는 막달라 마리아와 또 야고보와 요셉의 어머니 마리아와 또 세베대의 아들들의 어머니도 있더라"(마 27:45-56)

오늘 새벽에도 하나님의 은혜가 여러분에게 넘치기를 기원합니다. 오늘은 금요일입니다. 우리 주님께서 십자가에 못박히신 날입니다. 주님의 십자가는 자신의 잘못으로 당하는 고난이 아닙니다. 과거에 십자가 형벌은 극악한 죄수들에게 내려지는 무서운 형벌입니다. 주님은 우리의 죄로 말미암아 우리 대신 십자가에 못박히신 것입니다. 왜냐하면 누구보다도 우리가 당해야 할 죄의 형벌이 얼마나 무서운가를 잘 아시는 분이 있다면, 바로 주님이시기 때문입니다. 주님은 우리를 사랑하셨습니다. 그래서 우리가 져야 할 그 고통의 무서운 죄의 형벌을 주님께서 대신 지신 것입니다.

한낮에 임한 어둠

오늘 우리는 본문을 통해 놀라운 사실 몇 가지를 발견하게 됩니다. 다름이 아니라, 우리가 상상할 수 없는 자연의 변화가 일어난 것을 보게 됩니다. 마태복음 27장 45절인데, 우리 같이 한번 읽어 보겠습니다.

"제육시로부터 온 땅에 어둠이 임하여 제구시까지 계속되더니"(마 27:45)

여러분! 온 땅에 어둠이 임한 그 시간이 언제인지 아십니까? "제육시로부터 제구시까지"라고 말해 줍니다. 복음서 전체에서 예수님이 십자가에 죽으시는 장면을 묘사할 때는 "어둠이 임했다"는 것을 강조하고 있습니다.

제육시가 몇 시인 줄 아세요? 제육시는 낮 12시를 가리킵니다. 그리고 제구시는 말할 필요 없이 오후 3시를 가리킵니다. 낮 12시, 하루 중에 가장 태양이 중천에 떠서 아무도 그 빛을 가릴 수 없는 가장 밝은 시간입니다.

그런데 그 대낮에 온 땅에 어둠이 임하는데, 1, 2분이 아니라, 3시간 동안 임했다고 말해 줍니다. 한낮에 갑자기 어둠이 엄습했다면 얼마나 무서웠겠습니까? 한낮에 깜깜함이 온 땅에 임했을 때 얼마나 두려워했겠습니까? 어쩌면 주님의 죽으심에 대해서 하늘도 땅도 함께 차마 그것을 보지 못하고 빛을 잃지 않았을까 하는 생각이 듭니다.

환한 대낮이 밤처럼 어두워진다는 것은 역사에 그렇게 자주 나타나는 현상은 결코 아닙니다. 폭풍이 올 때 개기일식이 일어난다고 할지라도 그것은 잠깐이지, 온 땅에 어둠이 일어난다는 것은 그렇게 쉬운 문제가 아닙니다. 앞서 말했듯이 하늘도 땅도 차마 주님의 죽음을 볼 수 없어서 빛을 잃었을 거라고 생각하지만, 또 하나는 밝음이 한순간에 어두움으로 변할 만큼 우리의 죄, 죽음이 얼마나 어둡고 깜깜하고 심각한 것인가를 암시적으로 말해 주지 않나 생각해 봅니다.

무덤들이 열리고

주님은 동시에 이렇게 외치십니다. 제구시쯤에, 어둠이 이제 막 바지에 이른 그 때에 "엘리 엘리 라마 사박다니, 나의 하나님, 나의 하나님, 어찌하여 나를 버리시나이까."

평생에 한 번도 헤어진 적이 없는 아버지와 아들과의 관계가 죄 때문에 끊어지고 있습니다. 하나님께서 버릴 수밖에 없었습니다. 그래서 그 버림받은 예수님의 처절한 외침, 우리 죄의 무서움의 극치를 극명하게 알 수 있는 현장이 바로 십자가가 아닌가 생각해 봅니다. 죄는 온 땅을 어둡게 할 만큼 무서운 것이고, 어두운 것입니다. 멀쩡한 사람도 죄를 짓고 나면 갑자기 사면초가四面楚歌입니다. 그에게 밝음이 있을 수가 없습니다.

그런데 주님은 우리의 죄를 대신 짊어지시고, 우리에게 생명의 길을 열어 놓으신 것입니다. 오늘 본문 마태복음 27장 52, 53절 말씀이 입증해 주고 있습니다. 우리 같이 한 번 읽어 보도록 하겠습니다.

> "무덤들이 열리며 자던 성도의 몸이 많이 일어나되 예수의 부활 후에 그들이 무덤에서 나와서 거룩한 성에 들어가 많은 사람에게 보이니라"(마 27:52-53)

여기 무덤이 열렸다는 말은 아마 지진이 일어나고 바위들의 균열로 말미암아 틀림없이 거기에 있던 무덤들이 열린 게 아닌지 생각해 봅니다. 무덤이 열렸어요. 열렸는데 죽었던 자들이 살아났다고 말해 줍니다.

많은 성도들의 몸이 살아났다는 겁니다. 죽었던 많은 의인들, 하나님을 경외했던 성도들, 예수 믿는 하나님의 자녀들이 일시적으로 살아서 돌아오게 된 것입니다. 예수님께서 죽음에 자신을 던지자, 죽음에 있던 많은 예수 믿는 성도들이 살아나게 되었습니다.

그런데 그들이 어떻게 한 줄 아세요? 예수님이 부활하신 후에 거룩한 성으로 들어갔습니다. 그리고 많은 사람에게 보였다고 했습니다. 죽었던 그들이 예수님이 죽자 다시 살아나게 된 것입니다. 예수님은 죽으셨는데, 예수 믿었던 경건한 사람들은 다시 살아난 것입니다. 무덤이 열리고 다시 살아나게 된 것입니다.

여러분! 감격스럽지 않나요? 놀랍지 않나요? 이런 일이 어떻게 일어날 수 있다는 말입니까? 주님이 죽으시자, 주님을 따랐던 믿음의 사람들, 오직 주께서 걸어가셨던 그 길을 걸어갔던 사람들, 그들이 살아나게 된 것입니다.

예수 믿는 것은 가짜가 아닙니다. 예수 믿는 것은 결코 헛된 것이 아닙니다. 십자가에 죽으신 예수님 때문에 그들의 죄가 용서받고 살아났다는 것을 입증해 줍니다.

이것은 먼 훗날 예수님께서 장차 하늘나라에서 재림하실 때에, 예수를 믿는 하나님의 사람들이 죽음에서 무덤을 열고 다시 살아날 것을 말씀해 주고 있는 것입니다.

부활이요 생명이신 주님

그렇습니다. 우리 구주 예수 그리스도께서 십자가에서 죽으신 것은 우리에게 영원한 생명을 주시기 위해서입니다. 주님께서 십자가에서 죽으신 것은 우리에게 영원한 생명과 소망을 주시기 위한 것입니다. 예수님이 죽고 우리가 살고, 예수님이 죽고 우리가 생명을 얻은 것입니다.

주님은 생명이십니다. 생명의 주님이 우리의 죄를 대신하여 생명을 버리시니, 그 생명이 우리에게 임하게 된 것입니다. 어떻게 이런 일이 일어날 수 있을까요? 예수님이기 때문에 일어날 수 있는 것입니다. 왜냐하면 예수님은 부활이요 생명이시기 때문입니다.

그러므로 예수 믿는 사람은 영원히 삽니다. 아무도 우리의 생명을 막을 자가 없습니다. 왜냐하면 하나님이 주시는 생명이기 때문입니다. 주님은 이렇게 말씀하십니다. "나는 부활이요 생명이라." 요한복음 11장 25, 26절을 같이 읽어 보도록 하겠습니다.

"예수께서 이르시되 나는 부활이요 생명이니 나를 믿는 자는 죽어도 살겠고 무릇 살아서 나를 믿는 자는 영원히 죽지 아니하리니 이것을 네가 믿느냐"(요 11:25-26)

주님은 생명이시고 부활이십니다. 주님에게는 죽음이 없습니다. 주님에게는 죽음이 결코 올 수가 없습니다. 왜냐하면 생명이시기 때문입니다. 그런데 그 생명이신 주님께서 우리 때문에, 우리 죄 때문에 죽으신 것입니다. 그리고 그 생명이 우리에게 임하게 된 것입니다.

사랑하는 성도 여러분! 여러분은 예수님이 부활이요 생명이시기 때문에, 그 예수님 믿으면 영원히 사는 것을 믿습니까? 아무도 다시 살 수 없는데, 우리가 예수님 믿기 때문에 다시 산다는 사실이 얼마나 좋습니까? 주님의 생명이 우리에게 전가된 것보다 더한 기쁨과 행복이 어디에 있습니까? 주님의 생명이 내 것이 된 것입니다. 영원한 주님의 생명이, 영원히 죽을 나에게 오히려 생명으로 바뀐 것입니다. 이것이 주님의 은혜입니다. 이런 기적 같은 일이 어떻게 일어날 수 있을까요?

엘리사의 죽음

그런데 놀라운 사실은 이런 일들이 구약에도 있었습니다. 열왕기하 13장 20, 21절에 보면 엘리사가 죽습니다. 엘리야의 수제자입니다. 엘리야는 죽음을 보지 않고 하늘에 올리울 정도로 믿음이 출중했고, 주님 편에 살았던 하나님의 사람입니다. 그런데 엘리사가 엘리야가 승천하기 전에 이렇게 부탁합니다.

"당신에게 요청할 것이 있습니다." "무엇이냐?" "당신이 갖고 있는 영감을 갑절이나 갖기를 원합니다." 그 결과 엘리사는 자기 스

승 엘리야보다도 훨씬 더 많은 기적과 능력을 행한 하나님의 종이 되었습니다. 그러나 그도 죽었습니다. 그리고 다른 사람들처럼 그도 무덤에 장사되었습니다.

여러분도 죽으면 무덤에 들어갑니다. 흙으로 돌아갑니다. 그를 찔러도, 때려도, 욕을 해도, 그리고 다시 꺼내서 장난쳐도 감각이 없습니다. 엘리사가 그렇게 죽습니다. 그리고 거기에 장사됩니다.

그런데 해가 바뀌고 모압의 도적떼들이 그 땅에 오게 됩니다. 마침 사람을 장사하는 자들이 그 시체를 그냥 엘리사의 묘실에 던지는데, 시체가 엘리사의 뼈에 닿자마자 어떠한 일이 일어난 줄 아세요? 다시 살아나는 일이 일어난 것입니다. 열왕기하 13장 20, 21절을 같이 읽어 보도록 하겠습니다.

"엘리사가 죽으니 그를 장사하였고 해가 바뀌매 모압 도적떼들이 그 땅에 온지라. 마침 사람을 장사하는 자들이 그 도적떼를 보고 그의 시체를 엘리사의 묘실에 들이던지매 시체가 엘리사의 뼈에 닿자 곧 회생하여 일어섰더라"(왕하 13:20-21)

여러분! 놀랍지 않습니까? 어떻게 죽었던 사람의 뼈에 시체가 닿으니 살아날 수가 있습니까? 그런데 맞는 말입니다. 하나님이 하셨기 때문입니다. 엘리야의 영감을 갑절이나 받았던 하나님의 종 엘리사! 엘리야보다 훨씬 더 큰 업적을 남겼던 엘리사! 스승보다도 많은 기적과 많은 능력과 많은 일들을 행했던 엘리사! 그는 경건하게 살았던 하나님의 사람입니다. 그러나 그도 죄인입니다. 그렇기 때문에 죄인은 죽을 수밖에 없습니다. 그럼에도 불구하고 하나님을 믿은, 경건하고 신령한 삶을 살다간 그 엘리사의 뼈에 죽은 시체가 닿기만 해도 살아나는 역사가 일어나게 된 것입니다.

오늘 예수 믿는 하나님의 자녀들은 주님의 생명이 영원토록 그 안에 있는 겁니다. 우리가 이 땅에서 살다가 죽는다 할지라도, 우리는 예수님 때문에 영원한 생명을 가진 하나님의 사람들입니다.

찢어진 성소의 휘장

오늘 본문에 보면, 주님께서 죽으시면서 어떤 일이 일어났는지 아십니까? 예수님으로 말미암아 영원히 사는 길을 허락해 주신 것입니다. 다른 것이 없습니다. 예수님께서 나를 위해 죽으시고 부활하심으로 믿는 자에게 생명의 길을 주신 것입니다. 공개적입니다. 감추지 않습니다. 모든 사람들이 알도록 주께서 우리에게 그 길을 허락해 주셨습니다. 오늘 본문 마태복음 27장 51절을 우리 한번 같이 읽어 보도록 하겠습니다.

"이에 성소 휘장이 위로부터 아래까지 찢어져 둘이 되고 땅이 진동하며 바위가 터지고"(마 27:51)

여러분, 휘장이 위로부터 아래로 찢어졌다고 말합니다. 땅이 진동하며 바위가 터졌다고 말합니다. 여러분, 언제 땅이 진동하고 바위가 터집니까? 지진이 일어날 때입니다.

예수님의 죽으심은 예사로운 죽음이 아니었습니다. 어떻게 아무도 손대지 않았는데 휘장이 위로부터 아래로 찢어질 수 있을까요? 여러분, 성소의 휘장을 열고 들어 갈 수 있는 사람이 누구인 줄 아세요? 제사장들입니다. 그런데 이제는 그 휘장을 찢어 놓으신 것입니다.

어떤 사람도, 어떠한 위치에 있든지 나이와 상관없이, 남녀노소를 불문하고, 예수 그리스도를 믿으면 이제는 거추장스러운 휘장이 필요 없이, 곧바로 하나님께 나아갈 수 있는 살 길을 주님께서 허락해 주신 것입니다. 히브리서 10장 19, 20절에 보면, 이 부분에 대해서 이렇게 말씀해 주시는데, 우리 한번 같이 읽어 보도록 하겠습니다.

"그러므로 형제들아 우리가 예수의 피를 힘입어 성소에 들어갈 담력을 얻었나니 그 길은 우리를 위하여 휘장 가운데로 열어 놓으신 새로운 살 길이요 휘장은 곧 그의 육체니라"(히 10:19-20)

주님이 십자가에 죽으시면서 경건하게 믿음으로 살았던 사람들이 다시 살아나서 거룩한 성으로 들어갔습니다. 뿐만 아니라 장차 오고 오는 시대에, 주님께서 다시 재림하시는 그 날까지 그 어느 누구도, 남녀노소를 불문하고, 빈부귀천을 막론하고, 살 길을 우리에게 허락해 주신 것입니다. 주님은 죽으시면서 우리에게 살 길을 허락해 주신 것입니다. 주님은 죽으시면서 우리에게 생명을 부여해 주신 것입니다.

그러므로 누구든지 예수 그리스도를 믿기만 하면 영생의 길로 들어갈 수 있음을 말씀해 주십니다. 여러분! 그 영생의 예수님을 믿습니까?

그렇다면 어떻게 살아야 하겠습니까? 오늘은 예수님께서 우리를 위해서 십자가에 죽으시고, 우리에게 생명을 주신 고난의 날입니다. 가장 잔인하고 무서운 형벌인 십자가의 죽음은 원래 주님의 것이 아니라, 내가 져야 할 무서운 형벌입니다. 그런데 주님은 대신 십자가를 지시고 우리에게 생명을 주셨습니다. 십자가는 우리에게 생명입니다. 우리도 생명을 주신 그 주님을 위해서 몸 바쳐 믿음으로 살아야 할 것입니다. 천국이 다가오고 있습니다. 천국이 가까이 오고 있습니다. 하나님의 나라가 임하여 오고 있습니다.

여러분! 그 나라의 백성답게 하나님의 나라를 이루어 가고, 하나님의 교회를 이루어 가고, 우리의 가정에서, 우리의 직장에서, 우리의 삶의 현장에서, 사람이 아니라 하나님의 생명으로, 사람의 인정이 아니라 하나님의 생명으로, 사람의 눈이 아니라 하나님의 눈 앞에서 믿음으로 살아가는 우리가 되길 원합니다.

예수님의 죽음과 참신앙

"이 날은 준비일 곧 안식일 전날이므로 저물었을 때에 아리마대 사람 요셉이 와서 당돌히 빌라도에게 들어가 예수의 시체를 달라 하니 이 사람은 존경 받는 공회원이요 하나님의 나라를 기다리는 자라 빌라도는 예수께서 벌써 죽었을까 하고 이상히 여겨 백부장을 불러 죽은 지가 오래냐 묻고 백부장에게 알아 본 후에 요셉에게 시체를 내주는지라 요셉이 세마포를 사서 예수를 내려다가 그것으로 싸서 바위 속에 판 무덤에 넣어 두고 돌을 굴려 무덤 문에 놓으매 막달라 마리아와 요세의 어머니 마리아가 예수 둔 곳을 보더라"(막 15:42-47)

오늘은 주님께서 십자가에 못박히시고 무덤에 계신 날입니다. 어제의 요란함이, 어제 사람들의 과격한 고함소리가 한순간에 사라지고, 고요한 적막만이 가득할 뿐입니다.

그런데 오늘 우리는 놀라운 사건을 대면하게 됩니다. 예수님이 십자가에 죽으시고 일어난 사건입니다. 평소에 그토록 주님을 위해 죽고 살겠다던 제자들은 온데간데없고, 정작 십자가에 못박혀 죽으신 예수님을 장사 지내야 할 사람들은 한 사람도 예수님 곁에 없었습니다. 그 때 전혀 예상하지 못했던 한 사람이 등장합니다. 그 이름은 다름 아닌 아리마대 사람 부자 요셉입니다.

아리마대 사람 요셉

오늘 본문에 보면, 이 아리마대 사람 부자 요셉에 대해서 이렇게 말합니다. "당돌히 빌라도에게 예수님의 시체를 달라"고 말했다는 것입니다. 아리마대 부자 요셉은 예수님을 십자가에서 내려서 세마포에 싸서 바위 속에 판 무덤에 안장을 합니다.

여러분! 지금이 어느 때입니까? 그리고 지금 예수님의 처지는 어떻습니까? 방금 수많은 사람들이, 로마의 군인들이 예수님을 몹쓸 죄인으로 취급했던 상황입니다. 그리고 예수님은 그야말로 비참하게 혼자 십자가에서 처형된 직후입니다. 관중들과 무리들은 예수님이 십자가에 달린 것을 보며 혀를 차고, 고개를 흔들며 비웃고, 모욕하고 조롱했던 순간이었습니다. 예수님은 완전히 나쁜 사람이고, 예수님은 완전히 패배한 순간이었습니다.

그 때에 그를 지켜야 했던 제자들은 한 사람도 보이지 않았고, 모두가 어디로 숨었는지 도망가고 없는 때였습니다. 불리한 그 순간에, 오히려 아리마대 부자 요셉이란 사람이 등장하고, 예수님의 시신을 장사 지냅니다.

성경에 보면, 아리마대 요셉을 어떻게 말하는 줄 아세요? 그는 부자라고 말합니다. 사람들에게 존경 받는 사람이라고 말합니다. 산헤드린 공회원이라고 말합니다. 그리고 하나님의 나라를 기다리는 사람이라고 말해 줍니다.

더 쉽게 말하면 아리마대 사람 요셉은 부자입니다. 속된 말로 부족함이 없습니다. 공부를 많이 한 석학이고, 권력을 가진 사람입니다. 그렇다고 인격적으로 부족한가요? 아닙니다. 오히려 훌륭해서 사람들에게 존경받는 사람이라고 말해 줍니다. 그리고 성경을 잘 알고 하나님의 나라를 기다리는 영적인 사람이라고 말해 줍니다.

그런데 이 사람은 예수님이 십자가에 못박혀 죽으시기 전까지 성경에 한 번도 등장하지 않았던 사람입니다. 아니, 이 사람에 대해서 한 줄의 글도 성경에 기록된 적이 없습니다. 성경은 그 사람에 대해서 침묵했습니다. 그런데 정작 예수님이 십자가에서 죽으신 것을 보자마자 등장해서는, 예수님의 시신을 달라고 감히 말했던 사람이 아리마대 부자 요셉입니다.

예수님을 장사 지낸 아리마대 요셉

일반적인 사람들과 전혀 다른 것을 발견할 수 있습니다. 일반적으로 사람들은 사람이 죽으면 우선 무엇부터 생각하나요? '틀렸네, 이제 저 사람은 죽었네.' 일반적으로 머릿속에 드는 생각은 끝났다는 겁니다.

멀쩡한 젊은이, 그 힘센 사람, 그런다 할지라도 죽으면 아무도 그 사람에 대해서 소망을 갖는 사람이 없습니다. 아마 빚쟁이도 찾아가지 않을 것입니다. 내가 소중하게 여겼던 돈이지만 더 이상 찾을 길 없다고 포기하고 말 것입니다.

여러분! 누가 죽은 시체에게 찾아가서 투자하라고 말하는 사람 봤나요? 어느 누가 아무런 소망 없는 시체에게 찾아가서 자기 돈을 지불하면서 책임지려는 사람이 있을까요? 오히려 시신 앞에서 사람들은 외면하고, 마치 벌레를 씹은 것처럼 바라보면서 멀리 떠나는 것이 사람의 본성입니다.

그런데 오늘 아리마대 사람 부자 요셉을 보십시오. 이 사람은 오히려 예수님이 살아 있을 때에는 조용했던 사람입니다. 그런데 정작 예수님이 지금 공개적으로 '아주 못된 사람이라고, 가장 흉악한 죄를 범한 사람 중의 한 사람'으로 취급되어서 형벌 받고 죽은 지금, 오히려 죽으신 예수님의 시신을 수습하려고 나타난 것입니다.

지금 로마의 군인들과 장로와 대제사장들이 예수님 곁에 누가 있는지, 예수님을 가까이하는 사람이 누구인지 눈여겨보면서 따가운 눈총을 십자가에 맞추고 있는 이때에, 제자들마저도 몸 사리고 도망간 바로 이 순간에 말입니다.

하지만 아리마대 부자 요셉이 뭐라고 말했는지 아세요? 어떻게 행동한지 아십니까? 마가복음 15장 43절을 같이 한번 읽어 보도록 하겠습니다.

> "아리마대 사람 요셉이 와서 당돌히 빌라도에게 들어가 예수의 시체를 달라 하니 이 사람은 존경 받는 공회원이요 하나님의 나라를 기다리는 자라"(막 15:43)

십자가에 못박혀 죽는 것은 그 당시에 가장 흉악한 죄를 진 사람에게 내리는 처형법입니다. 그런데 이 예수님이 죽자, 빌라도에게 가서 당돌하게 예수님의 시체를 달라고 말합니다. 누가 감히 주님을 위해서 시간을 내겠으며, 누가 감히 한 나라를 통치하는 통치자에게 죄인의 시체를 달라고 말할 수가 있겠습니까?

그런데 아리마대 부자 요셉은 빌라도에게 들어가 예수의 시체를 달라고 말하는 것입니다. 그 행동이 우리로 하여금 무척 당혹케 합니다. 쭈뼛거리며 "시체 좀 주세요"라고 말하지 않습니다. "당돌히" 달라고 말합니다. 여기서 "당돌히"라는 말이 무슨 뜻인지 아세요? "용감하게"라는 의미도 있지만 "자랑스럽게"라는 의미입니다. 현대인의 성경에 보면 "자랑스럽게 달라"고 했다고 표현하고 있습니다.

아리마대 사람 요셉의 신앙

아리마대 부자 요셉은 예수님의 시체를 달라고 말할 때에 자랑스럽게 말했습니다. "그 시체를 나에게 주시오." 소극적으로 말한 것이 아닙니다. 벅찬 가운데 뭐라 말할 수 없지만, 그 사람으로 하여금 이 일을 하는 것이 너무나 행복하고, 너무 기뻐서 시신을 수습하는 것만으로도 비교할 수 없을 만큼, 너무나 기쁘고 감격스러운 가운데 시체를 달라고 말한 것입니다.

사람들은 죄인 취급하는 시체이지만, 오늘 아리마대 부자 요셉은 절대 그런 생각을 하지 않습니다. '내가 예수님의 시체를 감당할 수 있다니….' 그도 모르는 사이에 오히려 빌라도에게 자랑스럽게 찾아가서 말한 것입니다.

왜 이렇게 그가 자랑스럽게 말한 줄 아세요? 아리마대 부자 요셉이 정이 많아서 동정심을 가지고 그렇게 행동했을까요? '아무도 없으니까 나라도 치워주어야지!'라는 마음으로 했을까요? 아닙니다. 이 사람은 공부할 만큼 한 사람입니다. 권력을 가진 사람입니다. 돈도 많습니다. 그런데 이 사람에게 더 중요한 것이 있는데, 그것이 무엇인지 아세요?

이 사람은 참된 믿음을 가진 사람입니다. 주님에 대한 바른 신앙을 소유한 사람입니다. 예수님이 십자가에 못박히셨을 때 모든 사람들은 고개를 흔들었습니다. 조롱했습니다. 그리고 이렇게 말했을 겁니다. "끝났다. 끝났어! 젊은 청년, 한동안 수많은 사람들에게 둘러싸여 인기가 절정에 이르렀는데, 별수없이 너도 정치와 권력 앞에 죽는구나."

로마 백부장의 고백

그러나 묵묵히 십자가의 죽음을 지켜본 사람이 아리마대 부자 요셉뿐이었을까요? 아닙니다. 그를 묵묵히 지켜본 또 다른 사람이 있었습니다. '과연 예수님이 누구란 말인가? 저렇게 십자가에서 죽을 사람이 아닌데, 왜 저렇게 비참하게 죽어야 하는가?'

그러나 정작 십자가에서 죽으시자마자 터져 나온 고백이 있었습니다. 그 고백이 무엇인 줄 아세요? "이 사람은 진실로 하나님의 아들이었도다." 이런 고백을 한 사람이 있는데, 그가 누구인 줄 아세요? 로마의 백부장이었습니다. 마가복음 15장 39절에 보면, 그의 고백을 들을 수가 있는데 같이 한번 읽어 보도록 하겠습니다.

> "예수를 향하여 섰던 백부장이 그렇게 숨지심을 보고 이르되 이 사람은 진실로 하나님의 아들이었도다 하더라"(막 15:39)

전쟁터에서 수많은 사람들을 죽인 경험이 있었던 로마의 백부장, 그리고 사람들이 죽을 때에 어떤 모습으로 죽어 가는가를 수없이 보았던 백부장, 그는 로마의 장교입니다. 그는 사람의 심리를 너무나도 잘 압니다. 그는 사람들이 죽을 때에 어떻게 비명을 지르고 외치면서, 얼마나 초라하게 죽어 가는가를 잘 아는 백부장입니다.

그런 그가 로마 백부장으로서 이스라엘에 파견되어 생활하면서, 끊임없이 사람들이 따라다녔고 한 마디 말을 할 때마다 사람의 말이 아닌 것처럼 느껴졌던 젊은이인 예수님에 대한 관심이 과연 없었을까요? 그는 사람들의 관심을 한 몸에 받았던 예수님, 가는 곳마다 만지기만 하면 많은 병자가 낫고, 죽은 자를 살리며, 귀신을 쫓아냈던 예수님, 그 예수님에 대해서 남다른 관심을 가진 것입니다.

그는 주님께서 살아 계셨을 때도 눈여겨보았지만, 십자가에 못박혀 죽으실 때에 훨씬 더 남다르게 주목하여 보았습니다. 그리고 마지막으로 "다 이루었다"(요 19:30)고 말씀하신 내용을, "아버지여! 내 영혼을 주님께 맡깁니다"(눅 23:46)라는 말을 들었습니다.

주님의 숨지는 모습을 보면서, 로마의 백부장은 비록 믿음이 없는 사람이지만 가슴 깊은 곳에서부터 두려움이 밀려오기 시작했습니다. '과연 어떻게 되나!' '저분의 종말이 어떻게 되나!' 하고.

눈여겨보는 그 순간, 주님이 목숨을 거두는 그 순간, 터져 나오는 외마디 소리가 "하나님의 아들이었구나!" 하나님의 아들이라는 말이 어떤 말인 줄 아세요? '예수님은 과연 하나님이시구나!'라는 것입니다. '로마의 신, 그 많은 신들은 예수님과 비교할 때에 가짜다. 예수님은 과연 하나님이시구나.'

그렇다면 아리마대 부자 요셉이 이것을 놓쳤을 것이라고 생각하십니까? 산헤드린 공회원이라면 성경을 너무나도 잘 아는 사람입니다. 인격적인 사람이라고 말해 줍니다. 로마 사람이요 군인인 거친 이 사람도 예수님의 죽음을 통하여 주님이 하나님의 아들이심을 발견할 정도였다면, 아리마대 부자 요셉이 결코 이것을 놓치지 않았을 것입니다.

주님께서 돌아가시는 순간, 목숨을 거두는 순간 당돌하게, 아니 자랑스럽게 빌라도에게 뚜벅뚜벅 걸어갔습니다. 그리고 쭈뼛쭈뼛하지 않았습니다. 그 말이 어눌하지 않았습니다. "예수의 시신을 주시오."

바리새인 니고데모의 신앙

그런데 아리마대 부자 요셉만 그렇게 했을까요? 아니요. 일찍이 밤중에 찾아왔던 한 사람, 니고데모도 예수님이 죽으시자마자 바로 몰약과 침향 섞은 것을 백 리트라(1리트라는 약 327g)쯤 가지고 와서 예수님의 시체를 함께 싸는 것을 보게 됩니다. 요한복음 19장 39절입니다. 우리 함께 한번 읽어 보도록 하겠습니다.

> "일찍이 예수께 밤에 찾아왔던 니고데모도 몰약과 침향 섞은 것을 백 리트라쯤 가지고 온지라"(요 19:39)

여러분! 니고데모가 누구인지 아세요? 이 사람도 산헤드린 공회원입니다. 석학입니다. 권력 있는 사람입니다. 그가 일찍이 예수님의 비범함을 보고 찾아왔습니다. 그런데 예수님을 찾아온 그 날 밤, 그렇게 석학이고 권력 있고 성경을 잘 아는 산헤드린 공회원입니다만, 주님 만나는 그 순간, 예수님에게 미련한 사람이라고 혼쭐나고 돌아간 사람이 바로 니고데모입니다.

그 이후로 니고데모는 등장한 적이 없습니다. 그 사람에 대해 성경은 침묵하고 있습니다. 그가 돌아가서 고민하고 연구하면서 정말 예수님에 대해서 알기를 노력했다고 성경은 기록하지 않습니다. 그런데 예수님께서 돌아가시자마자 장례를 치른 장본인 중에 하나가 니고데모입니다.

참된 믿음

여러분! 한번 생각해 보십시오. 부자입니다. 아리마대 요셉은 부족함이 없는 사람입니다. 로마의 백부장은 결코 사람들에게 눈총 받을 만한 고백을 할 필요가 없는 사람입니다. 니고데모는 예수님을 만나서 일찍이 예수님께 책망을 받은 사람입니다.

그런데 정작 예수님이 십자가에 죽고 나자, 소망 없는 예수님의 죽음 앞에 사람들은 다 등 돌리고 도망간 상황에서, 죽은 사람을 책임진다는 것이 결코 유익이 안 되는 그 순간에, 왜 그들은 나타나서 예수님의 시신을 수습하고 있는 것일까요?

믿음은 결코 죽음 앞에서도 감춰지지 않는다는 것을 보게 됩니다. 참된 믿음은 예수 그리스도를 진짜로 발견하는 순간, 그들로 하여금 가만히 있게 하지 못한다는 사실을 발견하게 됩니다. 참된 믿음은 인간적인 생각이 끼어들 자리가 없는 것임을 깨닫게 됩니다. 예수님이 하나님이심과 구원자이심을 깨닫는 순간, 그 믿음은 완벽하게 사람을 변화시킵니다. 어떤 불리한 상황에서도 주저하지 않습니다. 어떤 난관 앞에서도 두려워하지 않습니다. 사람들이 쳐다보는 것이나 체면도, 자존심도, 순간 아무것도 아니라는 것을 발견하게 됩니다. 참된 믿음은 결정적일 때에 진가를 발휘합니다.

믿음은 생명으로 역사하고 문제를 해결하면서 나아갑니다. 참된 믿음은 핍박 가운데서 진가를 발휘하고, 고난과 핍박과 어려움과 고독과 오해와 힘듦과 서운함과 억울함 가운데에서도 오히려 가치를 드러냅니다.

참된 믿음의 발휘

오늘 아리마대 사람 요셉은 예수님이 하나님이시요, 구원자이심을 발견하는 순간, 그에게 내재되어 있는 참된 믿음이 행동으로 나타난 것입니다. 예수님의 시신을 자기가 수습하는 것만으로도 감격에 차 있었습니다. 빌라도가 두렵지 않습니다. 권력도 두렵지 않습니다. 객기를 부리는 것이 아닙니다. 철저하게 더 생각하고 생각하게 해서, 자기도 모르는 사이에 믿음이 그로 하여금 행동으로 옮기게 만든 것입니다.

누가 이렇게 사람을 용기 있게 만들 수 있을까요? 누가 이렇게 모든 사람들이 뒤돌아서는 그 순간, 주님을 향해서 뚜벅뚜벅 걸어가면서 행동으로 옮기게 만들까요? 주님 예수 그리스도를 믿는 믿음입니다. 믿음은 살아 있는 역사입니다. 믿음은 사람으로 하여금 온전하게 행동으로 옮기게 만드는 원동력입니다. 믿음은 그 사람으로 하여금 주님 앞에 서게 만드는, 오히려 행복한 행동을 하게 만드는 것입니다. 믿음은 결코 뒤로 물러서지 않습니다. 믿음은 결코 비겁하게 만들지 않습니다.

누가 이렇게 주님 앞에 나아갈 수가 있을까요? 예수 그리스도의 은혜를 입은 사람들입니다. 참된 믿음은 주님을 바로 믿을 때 나타납니다. 오늘 이 시대에 과연 누가 예수님의 대변인이요, 오늘 이 시대에 과연 누가 예수님의 참된, 충성스러운 제자가 될 수 있을까요? 참된 믿음을 소유한 하나님의 사람들입니다.

교회 안의 믿음의 사람들

　오늘 이 시대에 누가 주님의 몸 된 교회를 바로 섬기며 세워갈 수가 있겠습니까? 그것은 가슴 깊이 예수 그리스도를 믿는 믿음의 사람입니다. 형식이 아닙니다. 외형이 아닙니다. 그 사람의 진실한 믿음이 주님을 향하여 나아가게 만듭니다. 천국을 향한 그 열정이 흔들리지 않습니다.

　아합이 통치하던 그 때, 바알과 아세라 신 때문에 모든 하나님을 믿는 사람들이 죽어 갔던 그 때, 엘리야가 자기 혼자 남았다고 하나님 앞에 말할 수 없는 탄식을 할 때였습니다. 주님은 엘리야에게 말씀하셨습니다. "바알과 아세라에 무릎을 꿇지 않은 칠천 명이 남아 있다"고.

　아무도 없는 것 같은데 하나님의 은혜를 입은 믿음의 사람들이 있음을, 주님은 오늘날도 가르쳐 주십니다. 나타나지 않고 드러나지도 않고 보이지도 않지만, 사람들에게 이목이 집중되지 않을지라도 결정적일 때, 진짜는 드러납니다. 결정적일 때에 진짜 믿음의 사람은 나타납니다.

　오늘 이 시대에 진짜 믿음으로 나타나야 할 사람들이 누구이겠습니까? 오늘 역사의 한 페이지를 장식하는, 아니 이 시대를 살아가는 저와 여러분들에게 바로 주님, 예수 그리스도를 향하여 나아가는 진짜 믿음의 사람들이 되라고 주님이 우리에게 말씀해 주시고 있습니다. 오늘 우리 교회가 주님의 진짜 대변자요, 예수님의 충성스러운 진짜 제자요, 주님의 몸 된 교회를 바로 세워 나가는 그 장본인들이 되기를 바랍니다.

오늘 우리 자신이 이런 믿음의 삶을 살기를 소원합니다. 주님의 역사에 나타나는 성도들이 되기를 원합니다. 주님의 역사에 믿음으로 산 흔적을 남기고, 족적을 남기는 주의 백성들이 되기를 원합니다.

오늘 여러분 자신과 여러분의 가정, 여러분의 가문에서, 더 나아가 여러분이 섬기고 있는 직장, 캠퍼스에서, 우리를 아는 모든 사람들에게 죽음을 이기시고 부활하신 주님을 드러내는 믿음의 삶이 이어지길 소망합니다.

한 주간 강단에 서면서 목사로서 남모르는 고뇌가 있었다면, '육신이 약해서 깊이 잠이 든 사람이 많은 건가, 아니면 고난의 주님보다 축복의 주님이 더 좋은 건가!'라는 생각을 해 봅니다.

그러나 저는 어제 밤을 지나면서 오히려 하나님 앞에 감사하며 감격했습니다. 오늘 우리 교회를 이끄는 남녀 순장님들, 그리고 함께 움직이는 남녀 순원들의, 그 많은 계란을 바리바리 싸들고 계단을 오르내리는 발걸음. 아무도 주님의 부활에 관심이 없는 때일지라도, 저들의 발길과 손길은 위대합니다. 살아 계신 예수 그리스도를 증언하는 무언의 손길, 무언의 행동들을 오늘 우리 교회에 주셔서 고맙습니다.

말없이 행동으로 옮기는 사랑하는 남녀 순장님들과 성도들, 젊은이들, 우리 교회에 이런 보배로운 성도들을 허락해 주셔서 고맙습니다. 함께 천성을 향해서 달려가는 그 대열이 더 많아지고, 오늘 빌라도에게 가서 당당하게 당돌하게 말한 것처럼 자랑스럽게 우리의 발걸음이 부활의 주님을 증언하고, 다시 오실 예수 그리스도를 향해서 나아갈 것이라는 가슴 벅찬 기쁨과 즐거움이 오늘 저에게 있었습니다.

새벽마다 프로 같은 찬양을 주께 드린 사랑하는 성도들, 우리 젊은이들! 자랑스럽습니다. 이제 내일 부활의 주님을 경배하게 될 것입니다. 그 주님 앞에 감사하면서 더 믿음으로 살며, 묵묵히 없는 것 같지만, 필요할 때 언제든지 주께 헌신하며 충성스럽게 사는 저와 여러분들이 되길 바랍니다.

THE PASSION WEEK
주일*

* 살아나시다
  마태복음 28:2-4

* 여인들에게 나타나시다
  마태복음 28:8-10

* 엠마오 길에서 두 제자에게 나타나시다
  누가복음 24:13-35

부활의 주님과 두 제자

"그 날에 그들 중 둘이 예루살렘에서 이십오 리 되는 엠마오라 하는 마을로 가면서 이 모든 된 일을 서로 이야기하더라 그들이 서로 이야기하며 문의할 때에 예수께서 가까이 이르러 그들과 동행하시나 그들의 눈이 가리어져서 그인 줄 알아보지 못하거늘 예수께서 이르시되 너희가 길 가면서 서로 주고받고 하는 이야기가 무엇이냐 하시니 두 사람이 슬픈 빛을 띠고 머물러 서더라 그 한 사람인 글로바라 하는 자가 대답하여 이르되 당신이 예루살렘에 체류하면서도 요즘 거기서 된 일을 혼자만 알지 못하느냐 이르시되 무슨 일이냐 이르되 나사렛 예수의 일이니 그는 하나님과 모든 백성 앞에서 말과 일에 능하신 선지자이거늘 우리 대제사장들과 관리들이 사형 판결에 넘겨 주어 십자가에 못박았느니라 우리는 이 사람이 이스라엘을 속량할 자라고 바랐노라 이뿐 아니라 이 일이 일어난 지가 사흘째요 또한 우리 중에 어떤 여자들이 우리로 놀라게 하였으니 이는 그들이 새벽에 무덤에 갔다가 그의 시체는 보지 못하고 와서 그가 살아나셨다 하는 천사들의 나타남을 보았다 함이라 또 우리와 함께 한 자 중에 두어 사람이 무덤에 가 과연 여자들이 말한 바와 같음을 보았으나 예수는 보지 못하였느니라 하거늘 이르시되 미련하고 선지자들이 말한 모든 것을 마음에 더디 믿는 자들이여 그리스도가 이런 고난을 받고 자기의 영광에 들어가야 할 것이 아니냐 하시고 이에 모세와 모든 선지자의 글로 시작하여 모든 성경에 쓴 바 자기에 관한 것을 자세히 설명하시니라 그들이 가는 마을에 가까이 가매 예수는 더 가려 하는 것같이 하시니 그들이 강권하여 이르되 우리와 함께 유하사이다 때가 저물어 가고 날이 이미 기울었나이다 하니 이에 그들과 함께 유하러 들어가시니라 그들과 함께 음식 잡수실 때에 떡을 가지사 축사하시고 떼어 그들에게 주시니 그들의 눈이 밝아져 그인 줄 알아 보더니 예수는 그들에게 보이지 아니하시는지라 그들이 서로 말하되 길에서 우리에게 말씀하시고 우리에게 성경을 풀어 주실 때에 우리 속에서 마음이 뜨겁지 아니하더냐 하고 곧 그 때로 일어나 예루살렘에 돌아가 보니 열한 제자 및 그들과 함께 한 자들이 모여 있어 말하기를 주께서 과연 살아나시고 시몬에게 보이셨다 하는지라 두 사람도 길에서 된 일과 예수께서 떡을 떼심으로 자기들에게 알려

지신 것을 말하더라"(눅 24:13-35)

오늘은 주님께서 죽음을 이기시고 부활하신 부활의 주일입니다. 우리는 지난 한 주간 동안 그야말로 개미군단처럼 수많은 사람들에게 예수 그리스도의 부활을 증거하는 증인의 역할을 감당했습니다.

지난 주일 저녁, 우리는 우리가 살고 있는 이 지역을 두 시간 동안 돌면서 부활의 주님을 외치고, 손수 찐 달걀을 2,000명에게 전달을 했습니다. 그리고 지난 한 주간 동안에는 남녀 순장들과 순원들까지 다 동원이 되어서, 우리가 살고 있는 이 근방 8,000여 가구에 40,000개의 달걀을 집집마다 전했습니다. 아파트 계단을 오르내리는 발자국 소리, 그리고 손수 찐 달걀을 문고리에 달아 두는 그들의 손길은 그야말로 장관이었습니다.

어느 분이 자기 집 현관문에 걸린 달걀을 먹고 곧바로 문자를 보냈는데 다음과 같습니다. "목사님! 방금 전에 현관에 걸려 있는 따뜻한 달걀을 발견했습니다. 지금 맛있게 먹고 있습니다. 감사합니다. 전주새중앙교회에서 주신 부활달걀 감사합니다. 4월 22일

오후 7시 58분." 요즘은 사실 그대로 입증이 돼요. 왜냐하면 문자에 그대로 찍힙니다.

오늘날 성탄절도, 부활절도 사람들의 관심에서 점차 사라지고 있는 이 시대에 우리는 살아가고 있습니다. 만약에 부활의 주님을 만난 사람들이 예수 그리스도를 증거하지 않는다면, 돌들이 외칠 것입니다.

지난 한 주간 우리는 40,000개의 달걀을 쪄서 집집마다 걸어 두었습니다. 제가 40,000개의 달걀이 방 안 가득히 쌓여 있는 것을 보았습니다. 그러나 그것보다 그 달걀을 가지고 움직이는 성도의 모습이 더욱 자랑스러웠습니다. 뜨거운 가슴으로 그것을 전달하겠다는 열망은 아무도 막지를 못했습니다. 우리로 하여금 외치게 하시고, 부활의 주님을 증거하게 하신 주님의 놀라우신 역사가 오늘 우리에게 임하시고, 그렇게 하도록 오늘 우리 교회에 은혜를 베풀어 주신 것입니다.

부활의 소망

기독교는 부활의 종교입니다. 주님께서 죽음을 이기시고 부활하신 종교가 바로 기독교입니다. 주님이 부활하셨기에, 우리는 함께 모여 이렇게 예배를 드리고 하나님 앞에 경배할 수 있는 소망을 갖는 것입니다.

대부분의 사람들이 오래 사는 것에 관심이 많습니다. 건강하게 장수하는 것과 행복에 대해 관심이 많습니다. 물론 중요합니다. 그러나 오래 살고 짧게 사는 것이 부활의 소망보다도 그렇게 중요할까요? 아무리 오래 살더라도 죽고 난 다음에 소망이 없다면 의미가 없습니다. 그러나 아무리 짧은 인생을 살았다 할지라도 부활의 소망이 있다면 그 사람은 행복합니다.

미래가 보장되는 것입니다. 그러므로 인생에 있어서 중요한 것은 얼마나 오래 사느냐가 아니라, 예수 그리스도의 부활 소망이 있느냐 없느냐가 중요하다는 사실을 우리에게 가르쳐 주십니다. 우리 주님은 사망 권세를 이기시고, 사흘 만에 부활하셨습니다.

네덜란드 출신의 유명한 화가 렘브란트Rembrandt는 그림을 잘 그렸기 때문에, 많은 재산을 모으게 되었습니다. 또한 그의 아내가 빼어난 미모를 가진 아름다운 여인이었다고 합니다. 부귀와 명성을 한꺼번에 가진 사람입니다. 아름다운 아내, 부유한 환경으로 남부럽지 않은 사람이었습니다. 그런데 유감스럽게도 그에게는 자녀가 없었습니다. 그래서 온 정성을 다해서 아내를 사랑했습니다. 그러던 어느 날 아내가 죽습니다.

아내를 잃은 렘브란트는 실망과 낙담을 하며 절망 가운데 살아갑니다. 그런데 바로 그 때에 절친한 친구가 그를 교회로 인도합니다. 그는 믿음을 갖기 시작합니다. 교회에 나가 성경을 읽으면서 놀랍게도 성경을 통해 무한한 영감을 받게 됩니다.

놓았던 붓을 다시 들었습니다. 그림을 다시 그리기 시작한 것입니다. 그의 그림은 수백 점에서 수천 점에 이른다고 합니다. 그중에서 유명한 그림이 무엇인 줄 아세요? '엠마오 도상의 두 제자', '돌아온 탕자', '십자가에서 내려온 예수', '이삭의 희생' 등입니다.

엠마오로 가는 두 제자의 슬픔

오늘 본문에 보면, 우리는 엠마오로 내려가는 두 제자를 보게 됩니다. 그들은 지금 예수님께서 십자가에서 못박혀 죽으셨다고 절망한 가운데 엠마오로 내려가고 있습니다.

놀라운 사실은 주님께서 그 제자들을 따라가고 있다는 것입니다. 주님이 죽으셨다는 절망 가운데 내려가는 제자들에게 예수님은 살아나셔서 따라가고 있다는 사실입니다.

그런데 제자들은 예수님께서 함께 하신다는 사실을 모르고 걸어가고 있습니다. 그들의 상태는 슬픔 그 자체입니다. 오늘 누가복음 24장 17절 하반절에 보면 두 사람이 슬픈 빛을 띠었다고 말합니다. 더 쉽게 말하면 절망중에 처했다는 겁니다. 절망할 이유가 전혀 없는데 절망했다는 겁니다.

왜 그들이 절망했는지 아세요? 주님이 그들과 함께 계심에도 불구하고, 왜 그들이 절망하고 있는 줄 아세요? 그것은 그들이 사실을 모르기 때문입니다. 어떤 사실을 모른단 말입니까? 지금 자신과 나란히 걷고 있는 분이 예수님이란 사실을 모르기 때문에 절망과 낙담 가운데 있는 것입니다.

예수님께서 죽음을 이기시고 부활하셔서 지금 자기들과 함께 걷고 있는 것을 모르는 그들은 절망할 수밖에 없습니다. 낙담할 수밖에 없습니다. 그런데 만약에 두 제자가 예수님께서 부활하셔서 자기들과 함께 걷고 있다는 사실을 알았다면 어떻게 반응했을 것 같아요? 아마 이렇게 반응했을 거예요. "예수님 살아나셨군요. 너무 좋아요." 그러나 부활하신 주님이 곁에 계신다 할지라도 그 사실을 모른다면 사람은 낙심할 수밖에 없습니다. 절망할 수밖에 없습니다.

부활의 주님을 볼 수 있는 눈

　그들이 왜 이렇게 모르는 줄 아세요? 그들의 눈이 어둡기 때문이라고 말해 줍니다. 누가복음 24장 16절인데 같이 읽어 보도록 하겠습니다.

　"그들의 눈이 가리어져서 그인 줄 알아보지 못하거늘"(눅 24:16)

　그들의 눈이 어둡다고 말해 줍니다. 어떤 눈이 어두워졌는지 아세요? 영적인 눈이 어두워진 것입니다. 예수님께서 부활하시기 전에는 어느 누가 보더라도 예수님임을 알 수 있었습니다. 믿는 자도, 믿지 않는 자도 얼마든지 예수님을 알아볼 수 있고 찾아뵐 수 있었습니다.

　그러나 부활하신 다음부터는 완벽하게 달라졌습니다. 아무나 부활의 주님을 볼 수가 없습니다. 아무나 부활의 주님을 만날 수도 없고, 그들의 눈으로 예수님을 알아볼 수도 없습니다. 왜냐하면 예수님은 하나님이시기 때문입니다. 부활의 주님은 하나님이십니다. 부활의 주님은 아무나 인간이 쉽게 접근할 수 있는 분이 아닙니다. 예수 그리스도를 믿는 믿음의 사람만이 주님을 알 수가 있습니다.

영적으로 깨어 있는 사람만이 주님을 알 수가 있습니다. 더 쉽게 말하면 주님께서 그들로 하여금 보게 하는 사람만이 예수님을 볼 수가 있다는 사실입니다.

갇힌 사고방식의 결과

대단히 실망한 채 엠마오로 내려가고 있는 두 제자. 그들의 실망이 무엇인 줄 아세요? 그들의 굳어진 사고방식이 그들로 하여금 실망하게 만든 것입니다. 그들은 예수님을 하나님과 사람 앞에서 말과 일에 능한 선지자라고 생각을 했습니다. 머지않아 장차 로마로부터 자기들을 해방시켜서 정치적으로 구원할 메시야 예수님이라고 생각한 것입니다.

그런데 그런 예수님이 지금 십자가에 못박혀 죽고 사흘이 지난 것입니다. 그들은 돌아가신 예수님밖에 보이지 않은 것입니다. 십자가에 달린 예수님, 그리고 무덤에 묻혀 있는 예수님밖에 보이지 않는 것입니다. 절망과 좌절이 그들에게 있었던 것입니다.

어쩌면 이 두 사람은 고향이 같지 않았나 하는 생각이 듭니다. 아마 이렇게 말했을 거예요. "예수님이 돌아가셨는데 무슨 소망이 있어? 고향에나 가자." 그리고는 고향 엠마오로 내려가지 않았나 생각이 됩니다.

사람들은 영리한 것 같은데 단순합니다. 똑똑한 것 같은데 어리석어요. 자기 주관이 분명하면 할수록 그 이상을 볼 줄 모릅니다. 그들은 자기 경험에 집착하고, 자기 지식에 꽉 붙들려서 전후좌우를 살피지 못하는 소경이 된 것입니다.

두 제자의 오해

오늘 현대인들이 그렇지 않다고 생각하나요? 내가 알고 있는 지식, 내가 경험했던 그것이 너무 커서 다른 사람의 말을 듣지 못하고 있는 경우가 얼마나 많습니까?

여러분! 이 두 사람은 예수님에 대해서 세속적인 왕으로 오셨다고 생각한 것입니다. 이스라엘을 회복할 분이라고 생각했던 것입니다. 아니, 생각했을 뿐만 아니라 그렇게 믿었던 것입니다. 이스라엘의 정치적인 왕으로 하루 빨리 이스라엘을 독립시켜 주길 간절히 바랬습니다. 그러므로 예수님이 하나님의 아들이시며 왕이시란 사실이 자기들이 가지고 있는 주관적인 생각 속에 들어갈 수 있었겠습니까?

우리도 마찬가지예요. 예수님에 대해서 고정관념을 가지고 있다면 그 이상 들어오지 못한다는 사실입니다. 똑같은 사물을 봐도, 내가 이미 고정된 관념으로 보면 다른 면은 보이지 않는 것을 종종 느낄 것입니다.

저는 목회하면서 많이 느껴요. 제가 길을 걸어가다가 예상 밖의 오해를 받는 경우가 있습니다. 제가 보고 있는 곳은 다른 곳인데, 자기와 눈이 마주쳤는데도 목사님이 아는 체를 안 했다는 것입니다. 그 때처럼 난감한 일이 또 있겠어요? 말로 표현할 수 없습니다. 왜냐하면 서로 시선이 마주치기는 했을 테니까요. 하지만 저는 다른 곳을 보기 위해 집중하고 있었기 때문에 보지 못했지만 설명을 못 하는 것이죠. 저만 그럴까요? 아니오. 우리 모두 다 그렇습니다. 우리가 가지고 있는 고정관념, 내가 가지고 있는 초점, 그 이상을 넘어서지 못하는 것이 사람입니다.

인간적 경험의 한계

두 제자가 왜 이렇게 주님의 살아나심에 대해서 알지 못했는지 아세요? 그들은 인간적인 자기 지식에 너무 치우쳤기 때문입니다. 그들은 생각했습니다. '사람은 죽으면 끝이라고 더 이상 살아날 수 있는 존재가 아니라고!'

그것을 너무나도 당연하게 생각을 했어요. 자기들이 목격한 십자가에 못박혀 죽은 예수는 아주 비참하게 죽었거든요. 양손과 양

발에 못이 박혔기 때문에 결코 살아날 수가 없다고 생각한 거예요. 아니, 어느 누구도 인간은 죽으면 끝장이라고 생각하는 고정관념을 갖고 있습니다. 그렇기 때문에 예수님이 부활하셨다는 것은 한 번도 생각하지 못한 것이고, 누가 무슨 말을 해도 그것이 귀에 들리지가 않은 것입니다. 자기 경험과 자기 지식에 꽉 붙들려 있으면, 사람은 그 범주를 벗어날 수가 없습니다.

여러분! 이 두 사람이 낙심하고 내려간 이유가 뭔지 아세요? 성경을 바로 알지 못했기 때문입니다. 성경은 분명히 말씀하십니다. 메시아는 고난을 받고 부활할 것을 말씀해 주십니다. 고난을 통해서 구원의 역사를 이룰 것을 말씀해 주셨습니다. 그런데 이들은 성경을 바로 알지 못하고 있었던 것입니다.

더디 믿는 자들

주님이 이들에게 뭐라고 말씀하시는지 아세요? "미련하고 성경을 더디 믿는 자들아!" 저는 이 말씀을 준비하면서 '참 대단한 표현'이라는 생각이 들었어요. 누가복음 24장 25절을 같이 한번 읽어 보겠습니다.

"이르시되 미련하고 선지자들이 말한 모든 것을 마음에 더디 믿

는 자들이여"(눅 24:25)

잘 보세요. 안 믿는 게 아니에요. 믿기는 믿지만 뭐라고 말하죠? 더디 믿는다고 말합니다. 믿음이 없다는 것이 아니에요. 믿음이 있지만, 더디 믿는다는 것입니다. 한번 생각해보세요. 내가 누구를 따라갑니다. 따라가는데 멀찍이 따라갑니다. 무슨 말이에요? 누구를 따라가는데 멀찍이 따라갑니다. 따라간다는 거예요? 안 따라간다는 거예요? 믿기는 믿어요. 그런데 더디 믿는다는 것이죠.

현대인들의 믿음을 말하라고 한다면, 과거에 비해서 "더디 믿는 믿음"이라고 생각합니다. 믿습니까? 믿는다고 말해요. 그러나 그게 한참 걸리는 것이에요. 더디다는 것이죠.

여러분! 한번 생각해보십시오. 이날이 언제인 줄 아세요? 예수님이 부활하신 날입니다. 주일날 새벽 여자들이 무덤에 갔을 때 예수님을 보지 못했어요. 빈 무덤이었습니다. 그리고 천사들을 통해서 예수님이 살아나셨다는 말을 듣고는 돌아왔어요.

그리고는 누구에게 소식을 전하죠? 제자들입니다. 거기 있었던 장본인이 두 사람입니다. 그 때에 열두 제자 중에 두 사람이 정말 그런지 확인하기 위해 무덤으로 뛰어갔습니다. 누구죠? 베드로와 요한입니다.

거기 갔는데 빈 무덤을 확인하고 돌아왔어요. 그런 정황을 듣고 이 두 제자는 내려온 거예요. 생각해 보십시오. 여인들이 새벽에 가서 빈 무덤을 발견하고 천사를 만났어요. 천사들이 말하기를 "예수가 살아나셨다"고 했어요. 너무 좋아서 제자들에게 말합니다. 제자 중에 베드로와 요한이 그런가 하고 뛰어갔어요. 빈 무덤을 봅니다. 그리고 돌아와서 과연 살아나셨다고 말합니다. 그 말을 듣고 엠마오로 내려가고 있는 두 제자라는 사실입니다.

사실조차 외면한 두 제자

여러분 같으면 어떻게 하겠습니까? 지금 어떤 일이 벌어지고 있는지 아세요? 세상에 있을 수 없는 일이 벌어지고 있습니다. 죽은 사람이 다시 살아난 이 놀라운 사실이 지금 벌어진 거예요. 그것도 예수님께서 죽기 전에 "내가 삼 일 후에 다시 살아난다"고 분명하게 말씀하신 이 일이 일어나고 있다는 사실입니다.

여러분! 한번 생각해 보십시오. "예수님이 삼 일 만에 부활하셨다면 가장 먼저 생각나는 것이 무엇이겠습니까? "아, 주님의 말씀이 맞아! 삼 일 만에 부활한다고 하셨는데 맞다." 그렇게 생각하지 않겠어요?

아니, 좋아요. 어둡다고 했으니까, 더디 믿는다고 했으니까! 좋습니다. 인간적으로 생각해 봅시다. 만약에 여러분의 아버님께서 돌아가셨어요. 무덤에 묻혔습니다. 그리고 삼우제를 지내고 너무 가슴 아파요. 그런데 그 다음 날 형님한테 전화가 왔어요. "아버지가 다시 살아나셨다. 무덤에서 살아나셨다." 그러면 여러분은 어떻게 하겠어요? 슬픈 빛을 띠고 시골로 내려갈 겁니까? 바로 서울에서 급행열차를 타고 내려가서 아버님이 정말 살아 계시는지 확인할 것입니다.

여러분! 친구가 죽어서 삼 일이 지났는데 살아났다고 전화를 받습니다. 여러분이라면 어떻게 하겠습니까? "살아났나? 무슨 말이야?" 하며 무덤덤하게 받아들이고 다시 슬픈 빛을 띠겠습니까, 아니면 "정말 살아났단 말이야? 세상에 이게 무슨 일이냐?" 하며 용수철처럼 튀어 나가서 그 친구 만나러 가지 않겠어요?

소극적인 믿음

여러분! 이 두 제자는 어떤 제자입니까? 너무 소극적이에요. 만약 이 두 제자가 주님의 말씀을 기억하고, 여인들의 말을 믿고, 베드로와 요한이 확인하고 와서는 "과연 빈 무덤"이라고 하는 말을 들었을 때 적극적으로 행동했다면 어땠을까요? 한 번쯤 무덤에 가서 확인하고 싶은 마음이 있지 않겠어요? 차라리 고향으로 내려가는 것보단 그게 더 빠르지 않았겠어요?

오늘 이 시대에 우리는 주님이 살아서 역사하시는 것을 뻔히 알면서도, 너무 우리의 눈과 귀가 고정관념에 갇혀서 더 이상 넘어서지 못하는 경우가 얼마나 많이 있는지 모릅니다.

만일 이 두 사람이 무덤에 가봤다면 빈 무덤도 발견하겠지만, 어쩌면 천사도 만났을지 모릅니다. 그리고 그들의 생각이 달라졌을 것입니다. 도대체 이들로 하여금 그 모든 소식을 다 듣고도 엠마오로 내려가게 한 이유가 뭘까요?

오늘 현대인들의 모습과 같습니다. 우리 현대인들은 모두가 다 이기적입니다. 나 말고 다른 것에 대해서 별 관심이 없습니다. 그리고 미지근합니다. 소극적입니다.

미국의 미시건 대학의 발표에 따르면, 성공하는 사람들의 공통적인 생활 습관 5가지가 있습니다. 첫 번째가 무엇인 줄 아세요? 언제나 걸음이 빠르다는 것이에요. 느린 사람은 성공하는 일이 드물다고 합니다. 여러분! 오늘부터 빨리 걸으세요. 두 번째, 언제나 앞자리에 앉는다는 것입니다. 교회 와서도 앞자리에 앉습니다. 무슨 모임에 가서도 앞자리에 앉습니다. 맨 뒷자리에 멍하니 앉아서

방청하는 그런 자세가 아니란 것입니다. 다음 주부터는 앞자리에 다 앉으시기 바랍니다.

세 번째, 집중한다고 합니다. 예배 시간에 집중합니다. 열심히 공부하는 척하지만, 딴 생각을 하는 사람은 공부를 못해요. 집중합니다. 사업도, 공부도, 예배도 집중합니다. 집중하면 성공한답니다. 네 번째, 항상 웃음을 잃지 않는다는 것입니다. 어떤 일이 있어도 웃는 얼굴로 여유가 있습니다. 틀림없이 우리 교인들은 다 웃으리라 생각합니다. 마지막이 뭔지 아세요? 적극적이라고 합니다. 언제나 적극적이에요. 그런데 오늘 엠마오로 가는 사람들의 특징은 소극적입니다.

그들은 모든 것을 다 들었어요. 그러면 뛰어 올라가서 무덤으로 가는 것이 빠릅니까? 아니면 무덤으로부터 이십오 리10킬로미터를 내려가는 것이 더 빠릅니까? 소극적이에요. 모든 것을 포기합니다.

여러분! 사람들은 조금 좋다는 소문만 들어도 난리입니다. 제가 최근에 귀가 좀 이상이 있어서 병원에 자주 다닙니다. 언제부터인지 모르지만 한쪽 귀에 구멍이 났어요. 고막이 뻥 뚫어졌습니다. 기분 좋으면 맑았다가, 기분 나쁘면 비가 내립니다. 그러면 물을 좀 빼야죠.

그런데 차를 몰고 이비인후과를 오가면서 이상하게 금주에는 남자들만 보여요. 남자들의 뭐만 보이는 줄 아세요? 신발밖에 안 보입니다. 양복 빼입고 걸어다니는 것 보면 좀 이상해요. 신발을 보면 가운데가 볼록 나온 것을 신고 다녀요. 그 신발을 신고 다니니까, 전부 다 기우뚱기우뚱한 겁니다. 왜 그러죠? 건강에 좋다고 하니까 모두가 다 그 신발을 신어요. 어떤 음식점에 음식 맛이 좋다고 입소문이 나면 어떻게 되죠? 아무리 멀어도 차를 몰고 와서 줄을 섭니다.

그런데 이건 신발이나 음식점이 아니에요. 인간이 상상할 수 없는, 사람이 죽었다가 다시 살아난 이 엄청난 사건 앞에, 이들은 지금 확인도 안 한 채 엠마오로 내려가고 있다는 사실입니다.

두 제자 앞에 나타나신 주님

만약에 여러분이 예수님이라면 이런 제자를 어떻게 하겠습니까? 놀라운 사실은 오늘 본문을 읽고, 또 읽고, 또 읽어도 우리는 너무 기가 막힌 것을 발견합니다. 뭔지 아세요? 이 두 제자에게 찾아온 분이 있었습니다. 절망 가운데 엠마오로 내려가는 두 제자에게 찾아온 분이 누구였을까요?

소극적이고 하나님의 말씀을 더디 믿고 성경을 바로 알지 못한 두 제자에게 찾아가신 분이 누구입니까? 자기를 배반하고, 실망을 안고 고향으로 돌아가는 두 제자의 스승인 부활하신 예수 그리스도이십니다.

주님께서 오히려 자기의 소문을 듣고, 부활했다는 말을 듣고도 절망하여 낙향하고 있는 그 두 제자에게 찾아오신 거예요. 자신을 버린 제자들입니다. 자신을 뒤에 두고 내려가는 제자들입니다. 그 제자들에게 주님은 찾아가서 그들과 함께 걷고 계시다는 사실입니다.

수가 성 여인을 기다리신 주님

그리고 어떻게 한 줄 아세요? 그들에게 대화를 먼저 요청합니다. "너희들이 나눈 대화가 뭐냐?" 여러분! 요한복음 4장의 수가 성 여인을 기다리신 모습이 상상되지 않습니까? 이 여인은 대낮 12시에 수가 성 우물에 물 길러 온 여인입니다.

이 여인의 남편은 다섯 명이었지만, 지금의 남편도 진짜 남편이 아닌 불우한 인생을 사는 여인입니다. 아무도 낮 12시에 물 길러 오지 않습니다. 그런데 이 여인이 낮 12시에 물 길러 오는 이유가 뭔지 아세요? 비참하기 때문에, 다른 사람의 이목이 두렵기 때문에, 아무도 오지 않는 그 시간을 찾아서 물 길러 온 것입니다.

그런데 이 여인을 누가 기다리셨는지 아세요? 예수님이 기다리셨어요. 그리고 이 여인이 왔을 때 이 여인에게 예수님께서 먼저 말을 거셨습니다. 자존심 상하지 않도록 요청합니다. "나에게 물 좀 달라."

눈이 열린 두 제자

오늘 이 두 제자에게도 예수님이 뭐라고 하셨는지 아세요? 자존심 상하지 않도록 접근합니다. "너희들 대화가 뭐냐?" 오늘 누가복음 24장 17절에 보면 말씀해 주시는데, 우리 같이 한번 읽어 보겠습니다.

"예수께서 이르시되 너희가 길 가면서 서로 주고받고 하는 이야기가 무엇이냐 하시니 두 사람이 슬픈 빛을 띠고 머물러 서더라"(눅 24:17)

여러분! 주님이 이렇게 개입을 하십니다. "너희가 길을 가면서 서로 주고받는 이야기가 무엇이냐?" 주님은 그들의 자존심을 건들지 않습니다. 자연스럽게 접근하십니다.

그렇습니다. 여러분! 무지하고, 성경을 더디 믿고, 어둡고, 자기 주관과 자아로 꽉 고정되어 있는 인생이지만, 더 쉽게 말하면 제 잘난 맛에 살고 있는 인생이지만, 주님은 찾아와 주십니다. 생명의 주님, 부활의 주님은 우리에게 찾아와 주십니다.

영원히 죽을 인생에게 주님은 생명으로 다가와 주십니다. 그리고 이렇게 말씀해 주십니다. "너희가 서로 주고받는 이야기가 무엇이냐?" 부활의 사실을 덧입는 이들에게 오히려 성경을 풀어서 가르쳐 주십니다. 누가복음 24장 27절인데 우리 같이 한번 읽어 보도록 하겠습니다.

"이에 모세와 모든 선지자의 글로 시작하여 모든 성경에 쓴 바 자기에 관한 것을 자세히 설명하시니라"(눅 24:27)

여러분! 저녁에 두 제자와 떡을 떼시면서 무엇을 하신 줄 아세요? 축사하셨다고 말합니다. 복을 빌어 주셨어요. 떡을 떼고 복을 빌어 주고, 함께 음식을 드시는 순간, 그들의 눈이 떠집니다. 그들의 닫혔던 눈이 떠지고 예수님을 발견하게 되는 것이에요. 그 때 주님은 사라지고 맙니다. 주께서 하실 일을 다 하신 거예요.

부활의 주님을 만난 인생

주님은 오늘 이 부활의 아침에 여전히 동일하게 우리에게 찾아와 주십니다. 그리고 우리에게 개입하셔서 부활의 주님을 보기를 원하십니다. 그 부활의 주님 때문에 다시 회복되기를 원하십니다.

두 제자는 이렇게 고백합니다.

"길에서 우리에게 말씀하시고, 우리에게 성경을 풀어 주실 때에 우리 마음이 뜨겁지 않더냐?"(눅 24:32)

여러분! 부활의 주님을 만나는 순간, 그 가슴은 뜨겁습니다. 진리를 깨닫고 진리가 내 가슴속에 들어오는 순간 인생은 변합니다. 오늘 부활의 주님을 발견한 두 제자! 이십오 리를 넘어서 자기 고향 엠마오로 왔지만, 예수님이 다시 살아나신 것을 발견하는 순간 이들이 어떻게 했는지 아세요? 오늘 누가복음 24장 33절에 이렇게 말씀해 주십니다. 우리 같이 한번 읽어 보겠습니다.

"곧 그 때로 일어나 예루살렘에 돌아가 보니 열한 제자 및 그들과 함께 한 자들이 모여 있어"(눅 24:33)

여러분! 잘 보세요. 그들은 예수님을 만나기 전에는 그 가까운 무덤도 가지 않고, 이십오 리나 되는 길을 내려왔던 패배자요 낙망자였습니다. 그러나 예수님을 만나는 그 순간, 부활의 주님을 만나는 순간, 용수철이 튀듯이 이십오 리를 다시 걸어서 예루살렘을 향해서 올라가게 된 것입니다.

왜 그런지 아세요? 예수 그리스도를 만났기 때문입니다. 부활의 주님을 만난 사람을 주께서는 가만두지 않으십니다. 저와 여러분이 주님을 만나는 순간 역사가 바뀌게 됩니다. 인생이 새로워지게 됩니다. 소망이 넘칩니다. 적극적인 인생이 되는 것이에요. 부활의 주님의 증인이 되는 것입니다.

증거자의 삶

그들이 올라가서 제자들에게 찾아갑니다. 그리고 이렇게 말합니다. 누가복음 24장 35절인데 같이 한번 읽어 보도록 하겠습니다.

> "두 사람도 길에서 된 일과 예수께서 떡을 떼심으로 자기들에게 알려지신 것을 말하더라"(눅 24:35)

여러분! 잘 보십시오. 그들이 주님을 만나게 되면서 어떻게 되었습니까? 증거하지 않으면 안 되는 뜨거운 심장이 된 것입니다. 부활의 주님, 그 부활의 주님을 전하고 싶은 욕망이, 내려왔던 그 길을 다시 올라가게 한 것입니다.

그 때가 언제인 줄 아세요? 밤중입니다. 밤은 교통편이 좋지 않아요. 그런데 밤중에라도 상관없어요. 교통편이 좋지 않아도 상관없어요. 예수 그리스도, 부활의 주님을 만난 사람은 가만히 있을 수가 없습니다.

오늘 주께서 우리의 입으로 고백하기를 원하십니다. "주님이 살아나셨다!" 성경을 통해 주님의 부활을 알려 주셨고, 우리 모두가 그 부활의 주님을 만나기를 원하시고, 그 부활의 주님 때문에 예수 그리스도를 증거하는 증인 되기를 원하십니다.

오늘 우리 교회가 이 부활의 주님을 증거하는 교회가 되길 원합니다. 오늘 우리 교회 성도들이 예수 그리스도의 부활을 증거하는 증인들이 되기를 바랍니다. 주님은 오늘도 살아서 우리와 함께 걷고 계시고, 우리와 함께 대화 나누길 원하시고, 그 주님과 동행하기를 원하십니다. 그 주님 때문에 우리 함께 예수 그리스도를 자랑하며 증거하고, 행복한 인생을 함께 나누면서, 함께 천성을 향해 나아가는 부활의 산 증인들이 되기를 소원합니다.